지성이면 감천이다

공든 탑이 무너지랴

엎친 데 덮치다

고기는 씹어야 맛이고 말은 해야 맛이다

호랑이에게 물려 가도 정신만 차리면 산다

산에 가야 범을 잡는다

천 리 길도 한 걸음부터

사람은 죽으면 이름을 남기고 범은 죽으면 가죽을 남긴다

팔은 안으로 굽는다

남아일언중천금

쥐구멍에도 볕 들 날 있다

열 번 찍어 안 넘어가는 나무 없다

굶어 보아야 세상을 안다

양지가 음지 되고 음지가 양지 된다

될성부른 나무는 떡잎부터 알아본다

발 없는 말이 천 리 간다

목구멍이 포도청

뛰는 놈 위에 나는 놈 있다

작은 고추가 맵다

말 한마디에 천 냥 빚도 갚는다

바늘방석에 앉은 것 같다

계란으로 바위치기

간이 콩알만 해지다

티끌 모아 태산

남의 잔치에 감 놓아라 배 놓아라 한다

열 길 물속은 알아도 한 길 사람 속은 모른다

빛 좋은 개살구

닭 쫓던 개 지붕 쳐다보듯

구슬이 서 말이라도 꿰어야 보배

우물을 파도 한 우물을 파라

똥 묻은 개 겨 묻은 개 나무란다

못된 송아지 엉덩이에 뿔이 난다

콩으로 메주를 쑨다고 해도 곧이 안 듣는다

백지장도 맞들면 낫다

자라 보고 놀란 가슴 솥뚜껑 보고 놀란다

돌다리도 두들겨 보고 건너라

사공이 많으면 배가 산으로 간다

부뚜막의 소금도 집어넣어야 짜다

하룻강아지 범 무서운 줄 모른다

웃는 얼굴에 침 못 뱉는다

옆구리 찔러 절 받기

고래 싸움에 새우 등 터진다

같은 값이면 다홍치마

입이 열 개라도 할 말이 없다

목마른 놈이 우물 판다

재주는 곰이 넘고 돈은 주인이 받는다

까마귀 날자 배 떨어진다

오르지 못할 나무는 쳐다보지도 마라

# 역사 안에 속담 있다!

[지에밥]
giebap

# 한국사 주요 장면을 이해하고, 속담으로 정리해 보아요!

어린이 여러분, 안녕하세요?

여러분의 생일은 언제인가요?

생일날은 모두가 기쁘게 축하를 해 주지요.

그렇다면 나의 탄생은 어떤 의미가 있을까요?

내가 태어나고, 처음으로 걷고, 학교에 입학하는 장면은 엄마와 아빠에게는 감격적이고 역사적인 순간입니다.

하지만 모든 순간들이 반드시 기억하고 훗날 사람들에게 전해 줄 사건이 되는 것은 아니지요.

역사란 과거의 일 중에서 현재의 사람들이 기억해야 하는, 의미 있는 사건을 적은 것을 말해요.

사람들은 때로 호랑이 담배 피던 시절의 아주 먼 역사 속에서도 현재 안고 있는 문제 해결의 실마리를 찾기도 한답니다.

그리고 역사 속 수많은 인물들의 삶과 죽음, 다툼과 사랑, 욕망과 좌절 등에서 교훈을 얻기도 하지요.

그래서 역사를 '인류(민족)의 뿌리', '과거와 현재의 대화'라고 부르기도 한답니다.

속담의 탄생 과정도 다르지 않아요.

속담은 예로부터 백성들 사이에 입에서 입으로 전하여 오는 간단하고 쉬운 말이에요.

속담은 역사처럼 기록되어 전하는 것은 아니지만 생활과 바로 연결되기 때문에 쉽게 이해되어서 남녀노소 누구에게나 오래 사용되고 있지요.

속담을 상황에 알맞게 사용하면 언어 생활이 더욱 풍부해지고 대화의 분위기도 밝아지지요.

그런데 역사는 정확한 사실을 알아야 하기 때문에 그 흐름을 이해하지 않고는 기억하기 힘들어요.

그래서 한번 생각해 보았어요.

'역사를 교과서에도 나오는 속담으로 기억한다면 어떨까?'

아마도 역사 속 상황이 더 또렷해지고 인상 깊게 남을 거예요.

그리고 정확한 유래를 알기 힘든 속담의 진정한 뜻도 새길 수 있지요.

'티끌 모아 태산', '구슬이 서 말이라도 꿰어야 보배' 등은 어릴 적 저희 엄마가 저축도 않고 공부도 말로만 하던 제게 자주 말씀하시던 속담이에요.

그때에는 뜻을 잘 몰랐지만 그 인상만은 정말 강렬했지요.

이렇게 보면 속담은 세대를 넘나들면서 마음에 쌓이는 산 지식이에요.

더욱이 국어, 역사, 사회, 과학, 한문과 같은 모든 교과를 아우를 수 있는 좋은 자료이기도 하지요.

이 책은 우리 역사의 주요 장면을 가려 뽑고, 이것을 초등 교과서에 나오는 속담에 연결시켰어요.

역사에 뚜렷한 발자취를 남긴 인물과 사건을 이해하면서 쉬운 속담으로 인상 깊게 정리해 보세요.

그럼, 역사를 외어야 할 교과로, 속담을 외어야 할 단원으로 생각하던 마음이 사라질 거예요.

이 책을 읽으면서 역사와 교과, 이 두 마리 토끼를 재미있게 잡기 바랄게요.

좋은 책을 짓는 사람 강영주가

# 역사의 시작

# 삼국 시대

# 남북국 시대

 # 고려 시대

# 조선 시대

# 대한 제국

# 일제 강점기

# 대한민국

# 힘들어도 참고 견뎌서
# 사람이 될 거야!

지성이면 감천이다 / 공든 탑이 무너지랴

아주 먼 옛날이었어요.

하늘의 신 환인에게는 환웅이라는 영특한 아들이 있었어요.

"아, 하늘나라는 너무 평화롭기만 해! 저 아래 인간 세상에 내려가 살 순 없을까? 꼭 다스려 보고 싶은데……."

환웅은 날마다 환인에게 자신을 인간 세상에 내려보내 달라고 졸랐지요.

"네 소원이 정 그렇다면 인간 세상으로 내려가도 좋다. 그곳에서 널리 인간을 이롭게 하거라."

환인은 환웅에게 인간 세상을 다스릴 수 있도록 하늘의 아들

임을 증명해 주는 천부인 세 개를 주었어요.

환웅은 비, 바람, 구름을 다스리는 신하와 3천여 명의 무리를 이끌고 태백산에 내려왔어요.

환웅은 농사, 질병, 형벌 등 인간 생활에 필요한 일을 다스렸지요.

어느 날, 곰과 호랑이가 환웅을 찾아왔어요.

"환웅님, 제발 저를 사람이 되게 해 주세요!"

환웅은 난처했어요.

"허허, 동물이 어떻게 사람이 된다는 것이냐?"

하지만 곰과 호랑이가 날마다 찾아와서 빌자 환웅이 그 정성에 지고 말았어요.

곰과 호랑이가 날마다 사람이 되기를 간절히 원하자 환웅이
감동하여 마음을 바꾸었어!(지성이면 감천이다)

환웅은 쑥 한 자루와 마늘 스무 쪽을 주면서 말했어요.

"너희들의 정성은 갸륵하나 아무나 사람이 될 수 있는 것은 아니니라. 이 쑥과 마늘만 먹으며 백 일 동안 햇빛을 보지 말거라. 그것을 온당히 지켜야만 사람이 될 수 있을 것이니라."

곰과 호랑이는 그날부터 빛이 한 점도 들지 않는 동굴 속에 들어가 쑥과 마늘만 먹었어요.

처음 며칠은 둘 다 약속을 잘 지켰어요. 그런데 얼마 지나지 않아 호랑이가 몸을 비틀기 시작했어요.

"헥헥, 답답하고 배고파서 못 살겠네! 사람이고 뭐고 난 더 이상은 못 참겠어!"

마침내 호랑이는 동굴 밖으로 달아나고 말았어요. 하지만 곰은 힘든 시간을 꾹 참고 견뎠어요.

그렇게 21일째가 되던 날이었어요.

곰의 몸에서 갑자기 광채가 나더니 아름다운 여인의 모습으로 바뀌었어요.

'웅녀'라는 이름으로 불리던 이 여인은 그 후 환웅의 신부가 되어 떡두꺼비 같은 건강한 아들을 낳았어요. 이 아이가 고조선의 첫 번째 임금인 단군왕검이에요.

단군은 할아버지 환인과 아버지 환웅의 뜻을 이어받아 '널리 사람을 이롭게 한다.'는 '홍익인간' 정신을 펼쳐 나갔어요.

그리고 '8조법'을 만들었는데, 이것은 사람들의 생명을 중시하고 농사를 권하는 내용이 포함되어 있는 우리나라 최초의 법이라고 해요.

곰은 힘든 시간을 끝까지 버텨서 마침내 사람이 되고 단군의 어머니가 되었어! (곰든 탑이 무너지랴)

## 역사 안으로 풍덩 단군, 고조선을 세우다!

단군은 우리 민족의 맨 처음을 연 조상으로, 기원전 2333년에 우리나라 최초의 국가인 '고조선'을 세운 분이에요. 〈삼국유사〉에 따르면, 단군은 고조선을 세운 후 평양성에서 아사달로 도읍을 옮겨 그곳에서 천오백 년 동안 나라를 다스렸다고 해요.

그리고 후손에게 왕위를 물려주고 장당경으로 옮겼다가 다시 아사달로 돌아와 산에 숨어 산신이 되었는데 이때의 단군 나이가 무려 1,908세였다고 해요.

# 지성이면 감천이다

지성과 감천의 우정을 보고 하늘이 감동하여 복을 준 것에서 유래한 것으로,
**정성을 기울이면 아무리 힘든 일도 이루어진다**는 뜻이야.

앞을 볼 수 없는 감천이 앉은뱅이 친구 지성을 업고 지성이 일러
주는 대로 다니며 밥을 얻어먹었어요.

"감천이, 이 은혜 평생 안 잊을걸세."

"무슨 소리를 하는가? 우리 늘 지금처럼 서로 믿고 의지하세!"

그러던 어느 날 감천과 지성은 길을 가다가 옹달샘에서 큰 금덩
이를 발견했어요.

"지, 지성이! 이 금덩이를 어찌하면 좋겠나?"

"그, 글쎄! 이 금덩이를 가지면 서로 욕심이 생길 것 아닌가?"

두 사람은 그 길로 가까운 절에 가서 금덩이를 부처님에게 시주
하였어요.

그러자 지성은 허리를 쭉 폈고, 감천은 눈을 번쩍 떴어요.

하늘이 이 두 사람의 우정에 감동하여
복을 주신 것이었지요.

써 보자! 생활 속 속담

_____ 라고
했으니까 언젠가는
사과가 떨어질 거예요.

으이구!

# 공든 탑이 무너지랴

정성을 들여 튼튼한 탑을 쌓았던 것에서 유래한 말로,
**정성을 다한 일은 그 결과가 헛되지 않는다는 말이야.**

불교에서는 부처님을 모시는 절 마당에 탑을 쌓았어요.

나라에서도 최고의 석공을 뽑아 최고의 탑을 쌓도록 하였지요.

탑 하나를 쌓기 위해서는 수십 년이 걸리는 경우도 흔했어요. 이렇게 쌓은 탑은 수천 년이 지나도 무너지지 않았어요.

그런데 우리 조상들은 이러한 불탑이 전해지기 전부터 탑을 쌓는 믿음이 있었어요.

'정성을 기울여서 탑을 쌓으면, 우리 자손들에게 큰 복을 내려주실 거야.'

사람들은 저마다 이렇게 굳게 믿으면서 한 층 한 층 공들여 탑을 쌓았어요. 이렇게 지은 탑은 세월이 흘러 눈, 비를 맞고 화재, 전쟁 등 재난이 닥쳐도 끄떡없었지요.

마을 입구 큰 나무나 바위 아래에 쌓여진 수많은 돌탑들은 백성들의 소원 하나하나가 담긴 것들이랍니다.

**써 보자** 생활 속 속담

주몽과 온조와 박혁거세, 삼국 건국

# 비범한 능력으로
# 나라를 세우다!

엎친 데 덮치다 / 고기는 씹어야 맛이고 말은 해야 맛이다

고구려를 세운 사람은 주몽이에요.

주몽의 어머니 유화는 강의 신인 하백의 딸로, 하느님의 아들인 주몽의 아버지 해모수와 몰래 결혼을 한 죄로 떠돌아다녔지요.

이 사실을 안 동부여의 금와왕이 유화를 궁궐로 데리고 왔어요.

어느 날 유화가 아기를 낳았는데, 커다란 알이었어요.

"아니, 이럴 수가! 불길한 징조이니 어서 버려라!"

금와왕은 크게 화를 내며 알을 버렸어요.

그런데 버려진 알은 오히려 동물들의 보호를 받았어요.

금와왕은 할 수 없이 알을 다시 유화에게 맡겼는데, 그 속에서 사내아이가 나왔어요.

주몽은 형에게 쫓겨 도망가는 것도 모자라서
큰 강까지 만나고 말았어! (엎친 데 덮치다)

소년이 된 사내아이는 활을 아주 잘 쏘았고, 사람들은 그 소년을 '주몽'이라 불렀어요.

청년이 된 주몽은 금와왕과 백성들의 믿음을 얻었어요.

그런데 금와왕의 맏아들, 대소가 주몽을 시기하여 호시탐탐 죽이려고 했어요.

이를 눈치챈 유화는 주몽을 탈출시켰어요.

그러자 대소가 뒤쫓아 왔고, 주몽은 있는 힘을 다해 말을 달리다가 그만 커다란 강을 만났어요.

"나, 주몽은 해모수의 아들이요, 하백의 손자다."

그러자 물고기와 자라가 다리를 만들어 주었어요.

주몽은 무사히 강을 건너 졸본이라는 땅이 닿았어요.

그곳은 여러 부족이 모여 사는 구려국이라는 곳이었어요.

똑똑한 주몽은 계루부족의 부족장인 연타발취의 눈에 들었고, 연타발취는 자신의 딸 소서노와 주몽을 결혼시켰어요.

마침내 주몽은 그곳에서 '고구려'라는 나라를 세웠고, 사람들은 주몽을 '동명 성왕'이라고 불렀지요.

동명 성왕이 죽자 예씨 부인과의 사이에서 낳은 친아들 유리가 왕위에 올랐어요.

그러자 소서노는 아들 온조와 비류 무리를 이끌고 고구려 남쪽 마한 땅(한강 유역)으로 내려왔어요.

"이 곳은 평야가 넓고 물이 풍부하여 평안하게 살 수 있을 것 같습니다."

온조는 신하들의 말대로 위례성을 도읍으로 정하고 '십제'라는 나라를 세웠어요.

하지만 비류는 미추홀이라는 바닷가쪽으로 방향을 틀었어요.

그곳은 습기가 많아 편히 살 수 없었어요. 결국 비류는 말도 못 하고 후회하다 죽고 말았어요.

그러자 그를 따르던 무리들이 온조에게로 몰려왔어요.

온조는 이 무리들을 받아들이면서 말했어요.

"처음 올 때의 백성들이 모두 나를 따르니, 나라를 '백제'로 새로이 바꾸노라."

한편, 신라의 박혁거세도 신비한 탄생 이야기가 전해져요.

옛 서라벌에 여섯 개의 마을이 모여 있었는데, 그 중 한 마을에 소벌도리라는 촌장이 있었어요.

어느 날 소벌도리가 우물가에서 말 하나가 환한 빛에 쌓여 무릎을 꿇고 울고 있는 모습을 보았어요.

그곳으로 가 보니 말은 간데없고 커다란 알이 있었어요.

그 알을 깨 보니 신기하게도 사내아이가 들어 있었어요.

소벌도리는 이 사내아이를 데려와서 길렀어요.

"바가지만 한 알에서 나고 빛으로 세상을 다스릴 귀한 아이이니 이 아이를 '박혁거세'라고 부르리라!"

그후 박혁거세는 잘 자라나 '신라'를 세웠어요.

비류는 신하들의 말을 듣지 않고 자기 뜻대로 했기 때문에 말을 못 하고
후회하다 죽고 말아! (고기는 씹어야 맛이고 말은 해야 맛이다)

## 역사 안으로 풍덩 주몽과 온조와 박혁거세, 삼국 시대를 열다!

주몽(기원전 58년~기원전 19년)은 고구려의 시조로, 성은 고 씨이고 이름은 추모인데, 활을 잘 쏜다고 하여 주몽이라고 불렸어요. 주몽은 동부여에서 탈출하여 기원전 37년에 졸본에 나라를 세우고 그 이름을 고구려라고 정해요.

온조(재위 기원전 18년~28년)는 백제의 시조로, 주몽의 셋째 아들이에요. 온조는 주몽의 첫째 아들 유리가 오자 무리와 함께 형인 비류와 한강 유역으로 내려와서 '십제'라는 나라를 세웠다가 비류 무리와 합치면서 '백제'로 고쳤어요.

박혁거세(기원전 69년~4년)는 신라의 시조로, 알에서 태어나 스승 의선의 지도를 받고 자라 기원전 57년에 신라를 세워요. 박혁거세는 61년 동안 어진 정치를 펴서 나라의 기틀을 잡은 뒤 하늘로 올라갔다고 해요.

# 엎친 데 덮치다

엎어져서 당황하고 있을 때에 무거운 것이 또 덮치는 상황으로,
**어렵거나 나쁜 일이 겹치어 일어난다**는 말이야.

동물 달리기 대회 날이에요.

"거북아, 지난번 경주에 내가 진 앙갚음을 톡톡히 해 줄 테다!"

"토끼야, 이번에도 내가 이겨서 내 실력이 진짜라는 걸 보여 줄게."

출발 신호가 울리자 동물들이 달리기 시작하였어요.

토끼는 깡충깡충, 기린은 경중경중, 펭귄은 뒤뚱뒤뚱!

거북도 엉금엉금 느리게 출발을 했어요.

"쿨룩쿨룩, 먼지 때문에 앞이 안 보이잖아!"

거북은 그만 돌부리에 걸려 넘어지고 말았어요.

"거북이 살려! 거북이 살려!"

거북이 갑자기 엎어지자 그 위로 뒤늦게 달려오던 다람쥐와 멧돼지
나무늘보가 고꾸라졌어요. ✿

거북은 일어나려고 발버둥을 쳤지만 소용없었어요.

저 멀리 앞서 간 동물들은 먼지를 풀풀 날리며

사라지고 있었어요.

**써 보자!** 생활 속 속담

달리기 대회에
나간다더니
왜 그래?

_____ 더니
어제 연습 때 신발이 벗겨지는
바람에 발까지 접질렀어요!

# 고기는 씹어야 맛이고
# 말은 해야 맛이다

말을 못 하고 끙끙거리는 사람에게
**속 시원히 털어놓으라고 할 때** 하는 말이야.

늙은 부부가 두꺼비를 아들 삼아 키웠어요.

그런데 하루는 두꺼비가 건넛집 정승의 딸에게 장가를 가고 싶다고
떼를 썼어요.

'아니, 두꺼비가 감히 어떻게 정승 딸한테 장가를 가나?'

할머니는 기가 막혔으나, 할 수 없이 정승의 집으로 갔어요.

그렇지만 차마 말을 못 하고 삿자리의 끝만 만지작거렸어요.

할머니는 다음 날도, 그다음 날도 갔지만 입을 떼지 못했어요.

정승이 이상하게 여겨서 물었어요.

"할멈, 죽을 말이고 살 말이고 일단 해 보구려."

할머니가 드디어 사정 이야기를 하자 정승은 급히 세 딸을 모았어요.

정승이 이야기를 하니 어쩐 일인지 셋째 딸이 좋다고 했어요.

두꺼비는 장가가는 날에 허물을 벗고 고운 새신
랑이 되어서 혼례를 치렀어요.

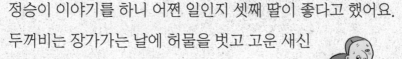

# 내가 가장 먼저 공격하고 가장 늦게 물러날 것이다!

호랑이에게 물려 가도 정신만 차리면 산다 / 산에 가야 범을 잡는다

광개토 대왕의 어릴 적 이름은 담덕이에요.

담덕은 어릴 때부터 말타기와 활쏘기를 좋아했어요.

그리고 열 살이 되자 보통 남자아이들이 따라오지 못할 정도의 무술 실력을 가지게 되었어요.

어느 날 담덕은 궁궐 담벼락을 넘어 들어오는 호랑이 두 마리를 보았어요.

"호, 호랑이다! 애고애고, 이제 죽은 목숨이구먼!"

모든 신하들이 덜덜 떨면서 어쩔 줄 몰라 했어요.

하지만 어린 담덕은 침착하게 명령했어요.

"어서 가서 내 활과 화살을 가

지고 오너라!"

신하들이 활과 화살을 가지러 간 사이에 호랑이가 담덕
을 노려보고 있었지요.

'눈싸움에서 지면 안 돼!'

담덕은 눈에 힘을 주고 호랑이를 뚫어져라 쳐다보았어요.

곧 신하들이 활과 화살을 가져오자 담덕은 호랑이들을 정면으
로 겨누었어요. 놀란 호랑이들은 슬슬 뒷걸음질 치려고 했어요.

'휘, 휘이잉! 탁! 탁!'

담덕의 날렵한 손놀림에 두 마리 호랑이는 순식간에 화살을
맞고 쓰러졌어요.

담덕은 그 호랑이 가죽으로 갑옷을 만들어 입었고, 사람들은
담덕을 '호장군'이라 부르며 존경하였어요.

왕위에 오른 광개토 대왕이 처음으로 백제를 정벌할 때였어요.

조정의 신하들은 아직 전쟁 경험이 없는 젊은 왕이 앞장서는
것을 반대했지요.

어린 담덕은 사나운 호랑이를 보고도 겁먹지 않고
침착하게 호랑이를 제압했어! (호랑이에게 물려 가도 정신만 차리면 산다)

고국원왕 때 백제의 근초고왕에게 패배하여 나라의 수도인 평양까지 포위되었던 뼈아픈 기억이 있었기 때문이에요.

하지만 광개토 대왕은 조금도 굴하지 않았고 신하들이 보는 앞에서 벽에 걸려 있던 보검을 집어 들었어요.

"쨍그랑!"

광개토 대왕은 강철로 만든 보검을 그 자리에서 손으로 한 번에 부러뜨렸어요.

신하들은 광개토 대왕의 기개에 등골이 오싹해졌어요.

광개토 대왕은 신하들을 뒤로 하고 병사들 앞으로 나아가 우렁찬 목소리로 외쳤어요.

"병사들은 들어라! 너희들 모두가 살아 돌아온다는 보장은 할 수 없다! 하지만 한 가지만은 약속하노라. 나는 가장 먼저 말을 타고 달려나갈 것이고, 가장 먼저 활을 쏠 것이며, 가장 먼저 적의 성벽을 넘을 것이고, 가장 늦게 전장에서 물러날 것이다!"

광개토 대왕의 확신에 찬 표정에 병사들은 감동했어요.

그 뒤부터 병사들의 사기는 하늘을 찌를 듯했어요.

"고국원왕을 죽인 원수 백제를 무찌르자!"

"와, 와!"

광개토 대왕은 가만히 앉아 지휘만 하지 않고 몸소 전쟁터에 뛰어들어 병사들을 이끌었어! (산에 가야 범을 잡는다)

이렇게 해서 고구려는 백제와의 전쟁에서 승리하였어요.

이후로도 광개토 대왕은 북쪽으로는 연나라, 남쪽으로는 백제, 그리고 바다 건너 일본에까지 고구려의 튼튼한 힘을 과시하였어요.

그리고 광개토 대왕의 뒤를 이은 장수왕은 아버지가 얻은 영토를 지키는 한편, 한강 남쪽으로 영토를 더욱 확장해 나갔어요.

## 역사 안으로 풍덩 광개토 대왕, 우리 땅을 넓히다!

광개토 대왕(374~413년)은 18세의 어린 나이로 왕위에 올랐어요. 광개토 대왕은 소수림왕과 고국양왕이 갖추어 준 나라의 힘을 토대로 영토를 넓혀 갔어요. 그 무렵 고구려의 영토는 북쪽으로는 만주까지 확장됐고, 남쪽으로는 백제와 신라를 조여 갔어요.

뿐만 아니라 바다 건너 일본에까지 고구려의 튼튼한 힘을 과시하기도 했지요. 그리고 숙신과 동부여를 흡수하기도 했어요. 광개토 대왕이 넓힌 고구려의 영토는 아들 장수왕에 이르러 남쪽으로 확대되며 절정을 이루었어요.

# 호랑이에게 물려 가도
# 정신만 차리면 산다

토끼가 꾀로 호랑이를 물리쳤다는 것에서 유래한 것으로,
**아무리 위급한 경우를 당하더라도 정신만 똑똑히 차리면 위기를 벗어날 수 있다**는 말이야.

어느 날 호랑이가 까치 둥지를 향해 소리쳤어요.

"어흥, 새끼 한 마리를 내놓지 않으면 몽땅 잡아먹을 테다."

까치 부부가 눈물을 흘리며 새끼 한 마리를 내어 주었어요.

지나가던 토끼가 그 모습을 보고 까치 부부에게 말했어요.

"너희는 속은 거야. 호랑이는 까치 둥지까지 올라오지 못해."

이 일로 새끼까치를 잡아먹지 못하게 된 호랑이는 몹시 화가 나서
토끼를 동굴로 잡아 왔어요.

위험에 빠진 토끼는 놀란 마음을 숨기고 침착하게 말했어요.

"호랑이 님, 제가 저보다 더 맛있는 떡을 구워 드릴게요."

토끼는 호랑이 몰래 돌멩이를 불에 굽기 시작했어요.

성질 급한 호랑이는 뻘겋게 달아오른 돌멩이를 냉큼 삼켰어요.

"앗, 뜨거워! 호랑이 살려!"

호랑이가 뜨거워서 날뛰는 사이에 토끼는 깡충
깡충 도망갔어요.

써 보자! 생활 속 속담

# 산에 가야 범을 잡는다

바라기만 하고 행동하지 않는 사람들을 경계하는 것으로,
**어떤 일을 이루기 위해서는 직접 부딪혀 실행해야 한다**는 뜻이야.


어느 산골 마을에 밤마다 밭이 파헤쳐지고, 가축들이 사라지는 일이 자주 벌어졌어요.

그래서 마을 사람들은 누가 밭으로 오는지 몰래 숨어 살폈어요.

깊은 밤이 되자 덩치가 남산만 한 호랑이 한 마리가 밭으로 내려와서 가축들을 물고 사라졌어요.

"이 못된 범을 어떻게 잡을까요?"

마을 사람들은 아무리 생각해도 사나운 호랑이를 안전하게 잡을 방법을 찾지 못했어요.

그때 한 사람이 무릎을 탁 치며 말했어요.

"범은 낮에 잠을 자니 산속 동굴로 가서 산 채로 잡아 옵시다."

"좋은 생각이에요. 그런데 누가 산에 가서 호랑이를 잡아 오지요?"

한 사람이 이렇게 묻자 마을 사람 모두가
고개를 돌렸어요.

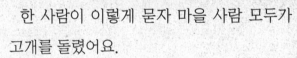

**써 보자!** 생활 속 속담

_____ 라고
했는데 그렇게 추워서 어떻게
눈사람을 만들어요?

아직기와 왕인, 백제 문화 전파

# 놀랍도다, 백제에 이렇게 실력 있는 인재들이 많다니!

천 리 길도 한 걸음부터 / 사람은 죽으면 이름을 남기고 범은 죽으면 가죽을 남긴다

백제는 일찍부터 왜국(지금의 일본)과 친해지려고 애썼어요.

백제의 왕은 왜왕과 친해져서 힘을 키우고 삼국 중에 으뜸이 되고 싶었지요.

그러던 중 백제의 왕은 왜왕에게 백제에서 가장 좋은 말을 보내는 방법을 생각해 냈어요.

그리고 아직기라는 학자를 불렀어요.

"경은 우리나라에서 학문이 뛰어나기로 이름난 학자요. 이번에 왜국에 가서 왜왕의 말을 돌보면서 왜국과 백제의 교류를 이끌어 내도록 하시오."

왕의 명령을 받고 왜국에 도착한 아직기는 굳게 다짐했어요.

"내가 비록 학자의 몸이지만, 나라가 나에게 원하는 대로 마부가 되어 말을 진심으로 돌보다 보면 점

아직기는 학문이 뛰어난 학자였는데도 나라의 요구대로 마부가 되어
성실히 일하면 나라에 큰일도 할 수 있을 것으로 생각했어.(천 리 길도 한 걸음부터)

차 나라를 위해 큰일도
할 수 있을 거야!"

아직기는 그날부터 마부가 되어
소매를 걷어붙이고 왜왕의 말들을 밤낮없이 돌보는
데 온 힘을 기울였어요.

"불쌍한 말들아, 너희들도 타국에서 외롭겠지만 내가
잘 돌봐 줄 테니 잘 먹고 튼튼하게 크거라!"

그러나 아직기는 달이 휘영청 밝게 뜬 밤이면 두고 온
가족과 고향이 그리워서 밤잠을 이루지 못했어요.

그래서 외로움을 달래기 위해 유교 경전을
더 열심히 읽기 시작했어요.

유교의 깊고 큰 깨달음을 알게 되면 될
수록 아직기가 밤을 지새는 날도 많아
졌어요.

여느 때처럼 아직기의 글 읽는 소리가

문 밖으로 새어 나오던 어느 날이었어요.

왜왕인 오진 천왕이 궁궐을 걷다가 그 소리를 듣고 깜짝 놀랐어요.

학문의 깊이가 엄청났기 때문이지요.

"짐이 어제 그대의 글 읽는 소리를 들었노라. 누구에게 그토록 깊은 학문을 배웠느냐?"

"당치 않으십니다. 저는 한낱 말을 돌보는 마부에 불과합니다. 백제에는 왕인 박사님과 같이 학문이 높은 분도 계십니다."

'마부의 실력이 이렇게 훌륭한데 박사라면 그 실력이 도대체 얼마나 된단 말인가?'

백제의 학문 수준이 궁금해진 왜왕은 당장 왕인이라는 박사를 보내 달라고 백제의 왕에게 요청했어요.

이렇게 해서 왕인은 〈천자문〉과 〈논어〉를 들고 왜국에 갔어요.

왜왕은 왕인을 크게 반겨 주었어요.

"그대의 나라는 이 귀중한 학문을 일찍부터 익힌다니 놀랍도다. 장차 왜국을 이끌어 갈 태자에게도 가르치도록 하거라."

아직기와 왕인은 태자의 스승이 되어 유교 경전을 가르쳤어요.

일본은 이것을 토대로 고대 문화를 꽃피웠지요.

아직기와 왕인은 앞선 백제의 문화를 일본에 전파한 사람으로, 우리나라와 일본에서 오늘날까지 그 이름이 널리 알려져 있어요.

아직기와 왕인은 백제의 뛰어난 학자들로 일본에 백제의 문화를 전달하여 지금까지도 그 이름이 전하고 있어!(사람은 죽으면 이름을 남기고 범은 죽으면 가죽을 남긴다)

## 아직기와 왕인, 일본에 백제 문화를 전해 주다!

아직기는 백제의 학자로 왕명으로 일본에 건너가 일본 왕에게 말 두 필을 선물하고 말을 기르는 일을 맡아 보았어요. 그 후 일본 왕이 그가 경서에 능통한 것을 보고 태자의 스승으로 삼았어요. 또한 일본 왕에게 백제의 박사 왕인을 추천하여 그가 일본에 한학을 전하게 하였어요.

왕인은 당시 최고의 학자로, 일본의 태자에게 한학을 가르치면서 일본에 귀화하여 일본 사람의 조상이 되었어요. 훗날 일본은 백제의 문화를 계승하고 불교를 받아들여서 아스카 문화를 꽃피웠어요.

# 천 리 길도 한 걸음부터

아주 먼 거리라도 한 발 한 발 걷다 보면 다다른다는 진리에 토대한 것으로,
**무슨 일이라도 시작이 중요하다**는 뜻이야.

천 리는 대략 서울에서 부산까지의 거리 정도예요.

지금은 비행기, 고속 열차, 고속버스 등 교통이 발달하여 한 시간에서 네 다섯 시간 정도 걸리는 거리지만, 옛날에는 몇 날 며칠을 걸어서 가야 했던 엄청나게 먼 거리였지요.

"과거를 보려면 천 리나 가야 하니, 짚신도 많이 준비하고 여벌 옷도 많이 준비해야겠는걸."

"궁궐의 소식을 저 멀리 부산에 있는 관리에게 전하려면 해가 지기 전에 더 서둘러 가야겠네."

이렇게 옛날 사람들은 아무리 먼 거리라도 한 발짝 한 발짝 걸어야 갈 수 있었어요.

그리고 소원을 빌기 위해 돌탑을 쌓는 것도 작은 돌을 하나씩 하나씩 쌓아 올리는 것에서부터 시작되지요.

써 보자! 생활 속 속담

# 사람은 죽으면 이름을 남기고
# 범은 죽으면 가죽을 남긴다

호랑이는 죽은 다음에 귀한 가죽을 남기듯이 사람은 죽은 다음에 생전에 쌓은 공적으로 이름을 남기게 된다는 뜻으로, **살아서 보람 있는 일을 해 놓아야 후세에 명예를 떨친다**는 말이야.

옛날에 어떤 병졸이 있었어요.

계급은 보잘것없었지만, 어떤 어려운 일도 마다하지 않았어요.

무게가 백 근이나 되는 창을 들고 장군 곁을 따라다니는가 하면 전쟁에서는 그 창을 옆에 끼고 적진을 누볐지요.

마침내 병졸은 그것을 인정받아 장군의 자리에까지 올랐어요.

그런데 병졸은 전장에 나가 싸우다가 그만 포로가 되었어요.

적의 장군이 이 장군에게 말했어요.

"네 비록 적군의 장수이기는 하나 용기가 가상하구나! 내 밑으로 들어오면 목숨만은 살려 주리라!"

하지만 장군은 당당하게 말했어요.

"나는 아침에 이 나라, 저녁에 저 나라를 섬기지 않소! 나는 비록 여기서 죽지만 내 이름만은 오래 남을 것이오." ✮

**써 보자!** 생활 속 속담

' _____ '
라는 말의 뜻을 잘못
안 사람들이로군.

# 이 한 몸 바쳐서
# 불교를 전할 수 있다면…

팔은 안으로 굽는다 / 남아일언중천금

삼국 시대에 불교는 왕이 정치를 하는 데 큰 역할을 하였어요.

고구려, 백제는 일찍부터 불교를 받아들여서 나라를 다스리는 데 근본으로 삼은 데 비해, 신라는 옛날부터 전해 오는 종교와 귀족의 반대로 불교가 뿌리내리지 못했어요.

"부처님이 밥을 먹여 주나? 불교를 받아들이면 우리 귀족들 세력만 약해진다고!"

그런데 법흥왕은 흥륜사라는 절을 지으며 말했어요.

"우리 신라는 불교를 외면해 온 탓에 국운을 아직 타지 못했다. 이제 불교의 힘으로 나라의 번영을 꾀하려 하노라!"

그러자 귀족들이 들고일어났어요.

"폐하, 아니 되옵니다. 불교는 있지도 않은 부처를

법흥왕은 오랜 충신 이차돈의 편을 들고 싶었지만(팔은 안으로 굽는다), 주변의 상황에 밀려서 이차돈을 죽여야 하는 처지가 되었어!

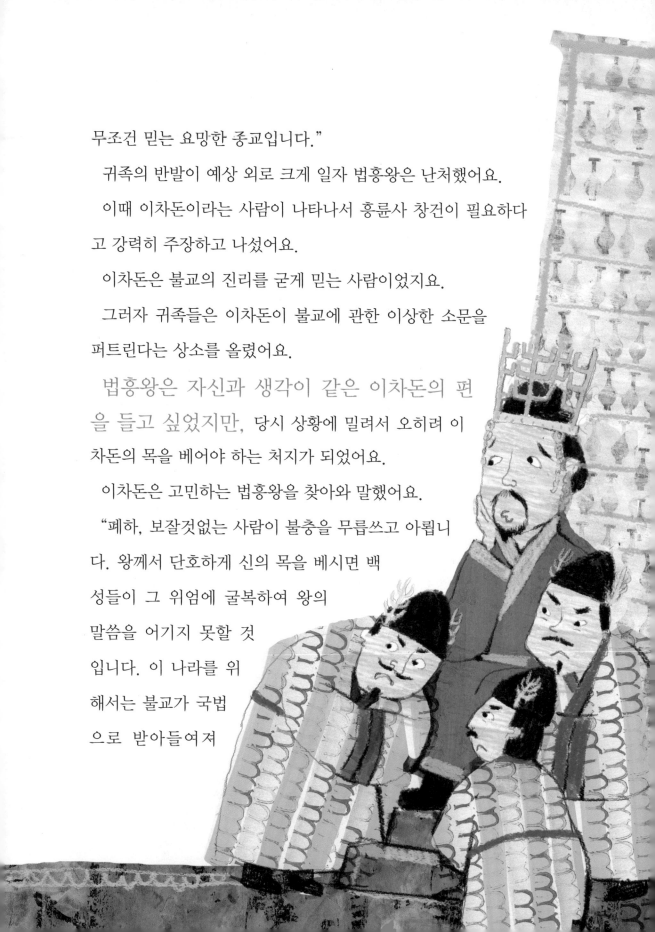

무조건 믿는 요망한 종교입니다."

　귀족의 반발이 예상 외로 크게 일자 법흥왕은 난처했어요.

　이때 이차돈이라는 사람이 나타나서 흥륜사 창건이 필요하다고 강력히 주장하고 나섰어요.

　이차돈은 불교의 진리를 굳게 믿는 사람이었지요.

　그러자 귀족들은 이차돈이 불교에 관한 이상한 소문을 퍼트린다는 상소를 올렸어요.

　법흥왕은 자신과 생각이 같은 이차돈의 편을 들고 싶었지만, 당시 상황에 밀려서 오히려 이차돈의 목을 베어야 하는 처지가 되었어요.

　이차돈은 고민하는 법흥왕을 찾아와 말했어요.

　"폐하, 보잘것없는 사람이 불충을 무릅쓰고 아룁니다. 왕께서 단호하게 신의 목을 베시면 백성들이 그 위엄에 굴복하여 왕의 말씀을 어기지 못할 것입니다. 이 나라를 위해서는 불교가 국법으로 받아들여져야 합니다. 그러니 흥륜사는 반드시 지으셔야 합니다."

법흥왕은 불교를 위해 목숨까지 내놓는 이차돈을 말렸어요.

"옛날 왕들은 목숨을 끊어서라도 짐승을 살리는 것이 불심이라고 믿었다. 짐의 뜻은 모두를 이롭게 하는 것인데, 어찌 경 같은 죄 없는 사람을 죽이겠느냐! 그러니 그 뜻을 거두도록 하라."

그러나 이차돈은 뜻을 굽히지 않았어요.

"폐하, 모든 것 중에서 가장 버리기 어려운 것이 목숨이지만, 부처님은 기적을 주실 것입니다. 소신이 죽어서 기적을 보여 준다면 불교가 성행하여 왕께서 가시는 길도 편안하실 것입니다."

결국 법흥왕은 눈물을 머금고 사형을 명령했어요.

그런데 이상한 일이 일어났어요.

이차돈의 목을 베자 하얀 피가 하늘로 솟구쳐 올랐어요.

그리고 하늘이 갑자기 어두워지고 땅이 진동하더니 꽃비가 내렸어요.

또한, 우물이 모두 말라 물고기와 자라가 뛰쳐나오고, 나뭇가지가 부러져 원숭이들이 떼지어 울었어요.

이차돈의 머리는 허공으로 사라져 경주 북쪽의 금강산 꼭대기에 떨어졌어요.

"아니, 이럴 수가! 부처님이 노하셨나 보구나!"

사람들은 모두 이차돈의 숭고한 죽음을 슬퍼했어요.

그때부터 신라는 불교를 국법으로 받아들이고, 나라의 근본으로 삼았어요.

이차돈은 왕의 설득에도 굴하지 않았고 자신이 한 말을 끝까지 책임을 지려고 했어! (남아일언중천금)

## 이차돈, 불교를 위해 목숨을 바치다!

이차돈(506~527년)의 성은 박씨. 이름은 염촉. 거차돈으로, 〈삼국유사〉에 의하면 이차돈은 어려서부터 성질이 곧아 사람들의 믿음을 얻었으며, 일찍부터 불교를 믿었다고 해요. 신라에서 국법으로 불교가 허용되지 않은 것을 몹시 안타깝게 생각하여 불교를 전파하려고 노력하였어요.

법흥왕도 불교를 백성들에게 알리고 그 힘을 빌어 나라의 번영을 꾀하고자 하였으나 신하들의 반대로 그럴 수가 없었어요. 이때 이차돈이 목숨을 바침으로써 신라에 불교가 받아들여질 수 있었어요.

# 팔은 안으로 굽는다

팔이 안쪽으로 굽는 신체의 원리를 바탕으로 한 말로,
**누구나 가까운 사람에게 정이 더 간다**는 뜻이야.

사람 몸의 각 기관이 완전히 자리 잡지 않았을 때의 일이에요.

하느님이 팔과 다리를 몸의 어디에 붙일지 궁리했어요.

"음, 팔은 아기를 안고 물건을 들게 해야 해. 몸통 위에 붙여야겠군!"

하느님은 팔을 어깨에 붙이고 무거운 물건을 올려 놓아 보았어요.

그러나 팔이 그 무게에 뒤로 밀리면서 물건이 떨어지고 말았어요.

"이제부터 팔은 안으로만 구부러지도록 하거라!"

이번에는 다리를 보고 궁리했어요.

"다리는 잘 걷고 앉게 해야 해. 그러려면 몸통 아래에 붙여야겠군!"

그런데 다리를 붙이자 곧 힘없이 풀썩 주저앉는 것이었어요.

"이제부터 다리는 바깥 쪽으로만 구부러지도록 하거라!"

이때부터 팔은 안쪽으로, 다리는 바깥쪽으로 구부
러지게 되었어요.

써 보자! 생활 속 속담

# 남아일언중천금

사내의 말 한 마디는 천금같이 무겁다는 뜻으로,
**자신이 한 말에 책임을 져야 한다는** 말이야.

중국 초나라의 계포는 어려서 두 동생에 비해 뛰어난 점이 없자 어느 날 두 주먹을 불끈 쥐고 다짐했어요.

"이제부터 나는 어떤 약속도 반드시 지키는 사람이 될 거야!"

그날 이후 계포는 한 번 한 약속은 반드시 지켰어요.

한번은 친구들과 강을 건너기로 약속한 날, 폭풍우가 몰아치는데도 하루 종일 비를 맞으며 기다린 일도 있었어요.

이렇게 믿음을 주는 사람으로 자란 계포는 초나라 왕 항우의 장수가 되어 여러 차례 한나라 유방을 괴롭혔어요.

항우가 유방에게 패하자 유방은 계포를 잡아 오라고 했어요.

그런데 현상금이 걸려 있는데도 신고하는 사람이 아무도 없었어요.

이 일로 유방은 계포의 됨됨이를 알고 계포를 등용하며 말했어요.

"천금을 얻는 것보다 계포의 허락(약속)을 한 번 듣는 것이 낫다." ✗

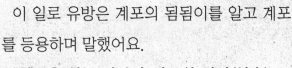 생활 속 속담

# 우리가 비록 외면 받았지만 삼국 통일은 꼭 이루자!

쥐구멍에도 볕 들 날 있다 / 열 번 찍어 안 넘어가는 나무 없다

신라에는 '화랑도'라는 청소년 단체가 있었어요.

화랑도는 귀족의 자제들을 뽑아서 학문과 무예를 익히게 하여 관리로 등용하는 조직이었어요.

화랑도는 나라가 위급할 때에는 용감하게 앞장서서 나라를 지키는 일을 했지요.

그리고 평소에는 이름난 산과 들을 돌아다니면서 몸과 마음을 갈고닦고 무예를 익히면서 나라를 사랑하는 마음을 키워 갔지요.

화랑도에는 꼭 지켜야 하는 다섯 가지 계명이 있었어요.

'임금에게 충성하고, 부모에게 효도하며, 믿음으로 친구를 사귀고, 싸움터에서는 후퇴할 줄 모르며, 살생은 가려서 한다.' 등이 그 내용이었지요.

그래서 신라에는 화랑도 출신의 뛰어난 인물이 많았어요.

그중에 가장 유명한 사람이 김유신과 김춘추예요.

김유신은 첫눈에 김춘추가 장차 큰 인물이 될 것을 알아보았어요.

'음, 김춘추는 나이는 나보다 어리지만 눈동자가 또렷하고 머리가 매우 뛰어나군!'

김춘추도 김유신이 머리가 뛰어나고 무예가 출중하다는 소문을 일찍부터 들어 알고 있었어요.

'과연 신라 최고의 장군감은 모습부터 다르군!'

그런데 두 사람은 남다른 약점이 있었어요.

김유신은 멸망한 가야의 왕손이었고, 김춘추는 몰락한 왕족이어서 제대로 인정받지 못했기 때문이에요.

그래서 김유신과 김춘추는 날마다 산과 들을 다니면서 고민을 털어놓고 마음을 나누었지요.

"우린 비록 외면 받는 집안 출신이지만, 화랑도 정신으로 삼국 통일을 꼭 이루어 내세!"

김춘추는 진골, 김유신은 가야 출신이라는 약점을 가지고
있었지만 삼국 통일의 꿈은 잃지 않았어!(쥐구멍에도 볕 들 날 있다)

김유신은 김춘추를 평생 가까이 두고 싶었어요.

'김춘추를 내 여동생과 짝지어 주어야겠다.'

그래서 김유신은 김춘추를 집으로 불러 공차기를 하다가 옷고름을 일부러 떨어뜨렸어요.

김유신은 큰 동생 보희에게 옷고름을 달아 달라고 하자 보희가 부끄러워 거부하고, 대신 작은 동생 문희가 달아 주었어요.

이 일로 김유신과 김춘추는 처남 매부 사이가 되었지요.

그후 김유신은 선덕 여왕과 진덕 여왕을 거치면서 최고의 장군으로 활약했고 진덕 여왕이 죽자 매제인 김춘추를 왕으로 추대하고 자신도 상대등에 올랐어요.

김유신은 최고 관직에 올랐지만 김춘추와 다짐했던 삼국 통일의 꿈을 못 이룬 것이 못내 마음에 걸렸어요.

'내가 비록 늙었지만 생전에 삼국 통일을 꼭 이룰 테다!'

그 무렵 국력이 쇠한 백제를 당나라가 넘보고 있었어요.

'우리 땅을 빼앗길 순 없어! 지금 당장은 힘이 모자라니 당나라와 힘을 합해 백제를 친 다음, 당나라를 몰아내자!'

김유신은 황산벌에서 계백이 이끄는 백제 군을 물리치고 당나라와 함께 백제의 수도인 사비성을 제압하는 데 성공하였어요.

김유신은 여세를 몰아서 고구려도 공격했

지만 연개소문이 이끄는 고구려
군에 번번이 패했어요.
　그렇지만 김유신은 삼국 통일의 꿈을
포기하지 않았어요.
　결국 고구려는 연개소문이 죽자 오랜 전쟁과 내부의 분열로
국력이 쇠약해져 나당 연합군에 평양성을 내 주고 말았어요.
　그 후 신라는 나당 전쟁을 거쳐 당나라마저 밀어내면서 676년
에 삼국 통일을 이루었어요.

김유신은 번번이 전쟁에서 졌지만 끝까지 포기하지 않았기 때문에
신라가 삼국 통일을 이룰 수 있었어!(열 번 찍어 안 넘어가는 나무 없다)

## 김유신과 김춘추, 삼국 통일을 이루다!

　김유신(595~673년)과 김춘추(604~661)는 신라의 삼국 통일을 이루는 데 결정
적인 역할을 한 장군과 왕이에요. 신라는 백제, 고구려, 당나라를 차례로 항복시키
면서 676년에 삼국을 통일하였어요.
　642년 백제가 신라의 40여 성을 공격하자 신라는 고구려의 구원을 요청하지만
실패해요. 결국 신라는 당나라와 손잡고 660년 소정방의 13만 대군과 힘을 합쳐 사
비성을 함락시켜요. 661년부터 나당 연합군이 여러 차례 고구려를 공격하지만 번
번이 연개소문에게 지다가 고구려의 내분으로 668년에 결국 승리해요. 그 후 당나
라가 신라를 넘보며 675년에 나당 전쟁을 일으키자 신라는 뒷심을 발휘해서 676년
에 당나라의 간섭 기관인 안동도호부를 철수시킴으로써 비로소 통일을 이루어요.

# 쥐구멍에도
# 볕 들 날 있다

볕이 들 것 같지 않은 작은 쥐구멍에도 한 줄기 빛이 비추는 모양에서 유래된 것으로,
**고생만 하는 사람도 언젠가는 좋은 시기를 만날 때가 있다는 뜻이야.**

옛날 어느 부잣집에 욕심 많은 고양이가 살았어요.

고양이는 주인이 주는 음식을 먹으면서도 불만이 가득했어요.

"쥐들이 우리 집 양식을 축내는 것을 아까워서 볼 수 없어. 쥐구멍

을 몽땅 막아 버려야지!"

졸지에 통로가 막힌 쥐들의 형편은 말이 아니었지요.

"아, 캄캄해! 아무것도 볼 수 없고 숨까지 막혀서 죽을 것 같아."

"힘을 내! 모아 둔 곡식을 나눠 먹으며 견디면 좋은 날이 올 거야!"

그러던 어느 날 쥐구멍에 한 줄기 빛이 들기 시작했어요.

봄이 되어 얼었던 물이 녹아 틈이 생긴 것이었지요.

쥐들은 힘을 모아 구멍을 막고 있던 것을 갉아 대기 시작했어요.

드디어 눈부신 햇볕이 새어들더니 입구가 열렸어요.

"찍찍, 참고 견디니까 이렇게 밝은 날도 오는구나!"

🖊 써 보자! 생활 속 속담

# 열 번 찍어
# 안 넘어가는 나무 없다

나무꾼이 아무리 튼튼한 나무도 도끼로 넘어뜨리는 것에서 유래한 것으로,
**꾸준히 지속적으로 노력하면 결국에는 이룰 수 있다**는 말이야.

어느 마을에 착한 나무꾼이 늙으신 어머니와 함께 살았어요.

나무꾼은 아침부터 해가 질 때까지 도끼질을 멈추지 않았어요.

"이 나무를 베어다가 우리 어머니 드실 양식을 마련해야지!"

나무꾼의 손을 거치면 넘어가지 않는 나무가 없었어요.

어느덧 산에는 가는 나무들이 사라지고 굵고 단단한 나무들만 남게
되었어요.

마을 사람들은 이제 나무를 하러 다른 산으로 갔어요.

그러나 착한 나무꾼은 여전히 앞산으로 나무를 하러 나갔어요.

"여보게, 앞산의 나무들은 몹시 단단해서 번개를 맞아야 넘어가겠
더군! 우리와 함께 다른 산으로 가세!"

"아닙니다. 도끼질을 여러 번 하면 어떤 나무든 넘어가지요."

과연 나무꾼의 말대로 크고 굵은 나무들도 턱턱 넘어갔어요.

마을 사람 모두 나무꾼의 한결같은 모습에
혀를 내둘렀어요.

**써 보자!** 생활 속 속담

# 고구려의 옛 땅과
# 풍습을 되찾아야 한다!

### 굶어 보아야 세상을 안다 / 양지가 음지 되고 음지가 양지 된다

　　고구려가 멸망하자 당나라는 고구려의 맥을 끊으려고 왕을 비롯한 많은 귀족들을 당나라로 끌고 갔어요.

　　그리고 수많은 고구려 사람들을 강제로 당의 땅에서 살게 했지요.

　　그리하여 죄 없는 고구려 백성들은 졸지에 타향인 요동 지방과 요서 지방 등에 흩어져서 살아야 했어요.

　　이후 고구려 백성들은 나라 없는 설움을 톡톡히 당하였어요.

　　그래서 많은 백성들이 고구려를 되살리려는 부흥 운동을 벌였어요.

　　'고구려를 되찾읍시다! 부여의 풍습을 되찾읍시다!'

　　그러나 고구려 마지막 왕 보장왕의 부흥 운동이 실패로 돌아

고구려 백성들은 나라를 잃고 당나라에 설움을 당하자
고구려 부흥 운동을 벌였어.(굶어 보아야 세상을 안다)

가자 고구려 부흥의 꿈은 영영 사라지는 것만 같았어요.

그러다 요서 지방에 끌려 와서 살던 고구려 장군 걸걸중상이 당나라에 맞서 군사를 일으켰어요.

그리고 그 아들 대조영이 당의 대군을 무찌르고 동쪽으로 가 옛 고구려 땅인 동모산을 중심으로 '진국'이라는 나라를 세워요.

당나라는 처음에는 '진국'의 성장을 대수롭지 않게 여겼어요.

그런데 대조영의 세력이 압록강, 송화강은 물론 한반도 동북부와 연해주까지 떨쳐 오자 사신을 보내서 대조영을 '발해 군왕'이라고 서둘러 인정해 주었지요.

이때부터 대조영의 나라는 '발해'라고 불리게 되었어요.

대조영은 자신의 뿌리가 고구려에 있다는 것을 잊지 않았어요.

"나는 고구려의 유민이다. 그러므로 발해도 고구려를 계승한 나라이다. 지금부터 나는 고구려 백성으로서 빼앗긴 옛 땅과 부여의 풍습을 반드시 되찾을 것이다."

대조영의 목소리에는 나라를 잃은 백성의 설움과 영토 확장의 당당한 의지로 가득 차 있었어요.

대조영은 죽는 순간까지도 고구려의 옛 땅을 찾기 위해 눈썹을 휘날리면서 전쟁터를 누비고 다녔지요.

발해는 대조영의 노력과 뒤를 이은 무왕의 현명한 정책으로 계속해서 당과 신라의 영토를 위협했어요.

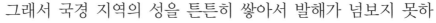

'고구려가 망한 나라라서 얕봤는데, 이렇게 가다가는 우리 당나라가 발해에 정복될 수도 있겠다.'

당나라 왕은 거대한 영토를 차지하고 있던 흑수 말갈족을 끌어들여서 방어를 했어요.

신라 왕의 걱정도 이만저만이 아니었지요.

'어떻게 이룬 삼국 통일인데 발해에게 당할 수만은 없다.'

그래서 국경 지역의 성을 튼튼히 쌓아서 발해가 넘보지 못하

게 하였어요.

발해는 선왕 때에 이르러 최고의 전성기를 누렸어요.

그 무렵 중국은 발해를 동쪽의 융성한 나라라는 뜻으로 '해동성국'이라 불렀어요.

고구려를 계승하고 문화의 꽃을 피웠던 나라, 발해는 당나라가 멸망하고 거란의 힘이 커지자 지배층의 분열로 멸망하고 말았어요.

하지만 사라지지 않은 고구려인의 기상을 230여 년 동안 나라 안팎으로 떨칠 수 있었던 귀중한 시간이었지요.

처음에는 당나라가 발해를 얕보았는데 나중에는 오히려 발해에게 당할 수 있는 상황이 되었어!(양지가 음지 되고 음지가 양지 된다)

# 대조영, 발해를 세우다!

대조영(?~719년)은 고구려의 유민으로 당나라에 끌려가서 여러 부족을 끌어들여 고구려를 계승한 나라 발해를 세웠어요. 발해는 고구려의 장군이었던 걸걸중상이 요서의 영주에서 군사를 일으키고, 그의 아들 대조영이 당나라의 대군을 무찌른 뒤 옛 고구려 땅인 동모산 근처에 도읍을 정하면서 시작되었어요.

이로써 우리 민족은 대동강을 경계로 신라와 발해가 남과 북으로 대치하는 남북국 시대를 맞이하게 되었지요. 특히 선왕 때에는 영토가 넓고 문화가 발달하여 '해동성국'이라 불릴 정도로 잘살았다고 해요.

# 굶어 보아야 세상을 안다

굶주릴 정도로 고생을 해 보아야 모진 세상의 모습이 보인다는 뜻으로,
**실제로 고생해 본 사람은 세상살이가 얼마나 힘든지 안다는** 뜻이야.

추운 겨울날 세 친구가 길을 가고 있었어요.

그러다가 헐벗은 앉은뱅이 거지 한 명을 만났어요.

"며칠 동안 아무것도 못 먹고, 늙으신 어머님 드릴 쌀도 없습니다.
제발 한 푼만 도와주십시오."

부자인 친구가 말했어요.

"돈이 있어도 당신같이 쉽게 돈 벌려는 사람 도와줄 돈은 없소."

"사정은 딱하지만 나도 지금 내가 쓸 돈밖에 없으니 어쩔 수 없구려."

인정 많은 친구도 거지를 돕지 못하는 것은 마찬가지였지요.

그런데 그중 가장 가난한 효자 친구는 달랐어요.

"나도 당신과 같은 시절이 있었소. 어머님을 생각해서라도 용기 잃
지 마시오. 지금 내게는 따뜻한 외투밖에 없으
니 이거라도 가져가 유용하게 쓰시구려."

거지는 감사의 눈물을 흘렸어요.

써 보자! 생활 속 속담

아빠, 극기 훈련 가니까
집이 너무 그리웠어요!

_____더니
극기 훈련 자주
가야겠구나!

# 양지가 음지 되고
# 음지가 양지 된다

**따뜻한 곳도 차가운 곳이 될 수 있다는 뜻으로,**
**힘든 시절을 조금만 참으면 좋은 날이 온다**는 말이야.

어느 추운 겨울날, 방 안에 앉은 아이가 엄마에게 말했어요.

"엄마, 처마 밑에 예쁘게 반짝이는 게 뭐예요?"

"응, 고드름이란다. 투명하고 반짝이는 것이 예쁜 우리 딸 같네."

그 말을 듣고 고드름이 으스대며 말했어요.

"그럼, 겨울에는 내가 제일 예쁘지."

이것을 지켜보던 댓돌 밑의 이끼들이 말했어요.

"고드름은 참 좋겠다. 햇살을 가득 받으면서 빛날 수 있잖아. 우리는 이 어두운 곳에서 숨죽여서 살아야 하는데……."

어느덧 봄이 찾아오고, 댓돌 주변에 새싹들이 돋아났어요.

"이끼님들, 안녕하세요? 겨울 동안 이 집을 혼자 지키셨네요."

"우리가 뭘……."

이끼들이 처마 밑을 바라보았지만 고드름은 어느새 봄볕에 녹아 사라지고 없었어요. ✦

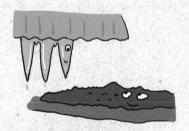

### 써 보자! 생활 속 속담

# 신라의 바다에 드나드는 해적을 돌려보내지 않으리라!

될성부른 나무는 떡잎부터 알아본다 / 발 없는 말이 천 리 간다

"저기, 활 쏘는 아이가 누구예요?"

"궁복이라는 아이인데, 활 솜씨가 최고라고 합디다."

어린 장보고가 활을 쏠 때마다 행인들이 수군댔어요.

장보고는 어릴 때부터 활을 잘 쏘았어요.

작은 키에 매서운 눈빛으로 활시위를 당기는 모습이 짐짓 장군감이었지요.

장보고는 일찌감치 당나라로 가서 군인이 되었어요.

"누가 나를 알아주기 전에 내가 알아서 먼저 일을 해야 해!"

장보고는 가장 일찍 일어나고 군인들이 모두 잠든 밤까지 이일 저 일 가리지 않으며 군대 생활을 했어요.

그리고 이내 군대의 중간 지휘자인 무령군 소장이 되지요.

그러던 어느 날 장보고는 신라인이 일본 해적에게 붙잡혀서 당나라로 끌려와 노예로 사는 모습을 보았어요.

"아니, 우리 민족이 이렇게 비참한 생활을 하고 있다니!"

장보고는 그길로 신라로 가서 신라 왕을 찾아갔어요.

"왕이시여, 더 이상 신라인이 당나라에 노예로 팔려 가는 일이 있어서는 안 됩니다."

그리고 왕의 허락을 받아 일본 해적들이 자주 나타난다는 청해에 진을 설치했어요.

"우리 군대는 나쁜 짓을 하기 위해 이곳 청해를 지나는 해적들을 단 한 명도 돌려보내지 않을 것이다!"

청해진 대사 장보고는 바다에서 눈부신 활약을 보였어요.

이 길을 지나는 일본 해적은 장보고의 지략과 용맹 앞에 무릎

장보고는 어릴 때부터 영특하고 활 솜씨가 뛰어나서 훌륭한 장군이 되리라는 것을 사람들은 일찌감치 알아보았어! (될성부른 나무는 떡잎부터 알아본다)

을 꿇었지요.

마침내 서해와 남해의 바닷길은 장보고의 손안에 들어가게 되었고, 신라 백성들이 노예로 팔려 가는 일도 사라졌어요.

'바다는 이제 내 손안에 있다. 이 바닷길을 이용해서 내가 당나라와 일본과 무역을 한다면 큰 이익을 얻을 것이다.'

장보고는 두 나라와의 무역이 성공을 거두자 그 돈으로 당나라에 법화원이라는 절을 지었어요.

'법화원을 지으면 중국에서 장사하는 신라인들이 모여들 거야. 그렇게 되면 신라인들이 장사하기 더 수월해지겠지.'

장보고의 예상대로 중국에서 장사를 하는 사람들이 법화원으로 모여드는 것은 물론이고, 신라 땅에 사는 신라인들마저 이곳을 드나들기 시작했어요.

"장보고 나으리와 거래를 하고 싶은데요."

"저도요, 저도요."

법화원 문 앞은 장사하는 사람들로 날마다 북적거렸지요.

이 소문은 당나라와 일본 상인에게도 급속도로 퍼

졌어요.

당나라와 일본 사람들도 평소에 장보고를 좋아했어요.

"띵호와! 장보고 님이 해적을 무찔러 준 덕분에 우리가 이렇게 안심하고 무역을 할 수 있다해."

"오호, 해적은 우리 일본에도 도움이 되지 않스므니다. 장보고 님은 우리 일본에게도 고마운 분이므니다."

그런데 장보고의 명성이 왕보다 더 높아지자 신라의 왕실은 불안했어요.

"나라를 위해서는 왕보다 세력이 더 큰 사람이 있으면 안 돼!"

결국 장보고는 신라의 귀족에 의해 암살되었다고 해요.

장사를 하려면 장보고를 만나야 된다는 소문이
어느새 나라 밖까지 퍼졌어! (발 없는 말이 천 리 간다)

### 역사 안으로 풍덩 장보고, 청해진 해상왕이 되다!

장보고(?~846년)는 남북국 시대의 신라 장군으로, 청해진의 대사를 지 냈어요. 어릴 적 이름이 궁복으로, 활을 잘 쏘는 아이였어요. 삼국이 통일 된 후 해적의 난입이 잦아지자 스스로 바닷길의 요충지인 청해에 군대를 설치하고 청해진 대사가 되어 해적을 완전히 물리쳤어요. 그 후 840년에 일본에 무역 사절을, 당나라에 견당 매물사 등 사신을 보내어 신라, 일본, 당나라 간의 삼각 무역을 이루어 내기도 했어요.

# 될성부른 나무는
# 떡잎부터 알아본다

떡잎의 상태를 보면 큰 나무가 되었을 때의 상태를 예측할 수 있다는 말로,
**장래에 크게 될 사람은 어릴 때부터 다르다**는 말이야.

어느 집 창문가에 두 개의 화분이 있었어요.

두 화분에는 각각 '사랑이', '미움이'이라고 씌어 있었지요.

어느 날 소녀가 사랑이에게 다가와 물을 주며 말했어요.

"어머, 예쁜 떡잎을 틔웠구나! 너는 내가 제일 좋아하는 친구 소영
이가 준 선물이니까 착하고 예쁘게 클 수 있을 거야."

이번에는 이마를 찌푸린 소녀가 미움이에게 걸어왔어요.

"애개, 꾀죄죄한 떡잎 좀 봐! 너 왜 내게로 와서 날 귀찮게 하는 거
니?" 하며 물을 여기저기 흘린 후에 사라졌어요.

시간이 흘러서 화분 속 떡잎은 토마토 나무로 자랐어요.

예쁜 떡잎에 사랑으로 자란 나무에는 달고 맛있는 토마토가, 꾀죄
죄한 떡잎에 미움으로 자란 나무에는 쓰고 볼품없는 토마토가 열렸
지요.

 써 보자! 생활 속 속담

_____ 더니
과연 내 아들이구나!

# 발 없는 말이 천리 간다

사람 사이에 오가는 소문이 멀리까지 빨리 퍼진다는 뜻으로,
**소문은 생각보다 빨리 전달되므로 말조심하라**는 뜻이야.

옛날 어느 나라에 새로운 옷을 좋아하는 왕이 있었어요.

그런데 왕은 귀가 당나귀처럼 크고 삐죽해서 외출할 수 없었어요.

어느 날 왕은 새 재단사를 몰래 데려오라고 명령했어요.

비밀리에 궁에 들어 온 재단사는 왕의 옷을 재단하다가 귀를 보고
깜짝 놀랐어요.

그러자 왕이 무섭게 말했어요.

"이 비밀을 한 사람에게라도 말하면 너의 목숨은 없다!"

그날 이후 재단사는 그 말이 하고 싶어 앓아 눕고 말았어요.

마침내 재단사는 산속으로 가서 구덩이를 파고 외쳤어요.

"임금님 귀는 당나귀 귀! 임금님 귀는 당나귀 귀!"

그런데 이 소리가 마을로 울려 퍼졌어요.

이렇게 해서 온 나라 사람들이 왕의 비밀을
모두 알게 되었어요.

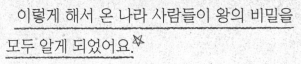

**써 보자!** 생활 속 속담

왕건, 고려 건국

# 후백제와 신라가 싸우면 통일은 저절로 될 거야!

목구멍이 포도청 / 뛰는 놈 위에 나는 놈 있다

통일 신라 말기에 귀족들은 권력 다툼을 일삼았어요.

왕실의 힘이 약해진 틈을 타고 각 지방에서는 경제력이나 군사력을 갖춘 호족들이 등장했어요.

호족들은 저마다 넓은 땅을 차지하고 자신들의 이익을 챙기려고 백성들을 압박해서 무리하게 세금을 거두어들였어요. 백성들은 늘어나는 세금 때문에 나날이 힘들어졌어요.

"엄청난 세금에 흉년과 전염병까지 덮쳐서 신라에서 더는 못 살겠네."

백성들은 눈물을 흘리면서 고향을 떠났어요. 그 길에서 살기 위해 도적질도 서슴지 않았어요.

귀족들의 다툼으로 애꿎은 백성들의 생활이 어려워져서 백성들은 살기 위해 무슨 일이든 하려고 했어! (목구멍이 포도청)

견훤은 신라의 군인 출신으로, 곳곳의 궁핍한 백성들이 뭉친 도적 무리를 보고 생각했어요.

'백성들이 이미 신라에 등을 돌렸으니 이 무리로 군대를 만들어서 새로운 땅에 뿌리를 내려야겠다.'

그래서 옛 백제의 땅이었던 광주에서 스스로 왕으로 나섰으며 환영을 받으며 전주에도 당당하게 들어갔어요.

"옛날 신라가 당나라를 끌어들여서 백제가 멸망하였소. 그러니 내가 백제를 다시 일으켜 세우겠소."

이렇게 후백제가 탄생되었어요.

한편 궁예는 신라 왕족 출신으로, 집안에서 버림받고 어렵게 양길이라는 사람의 부하가 되어 철원을 중심으로 세력을 키워 갔어요.

하지만 궁예는 사방이 산으로 둘러싸인 철원을 근거지로 삼은 것이 항상 고민이었어요.

이때 등장한 사람이 바로 왕건이에요.

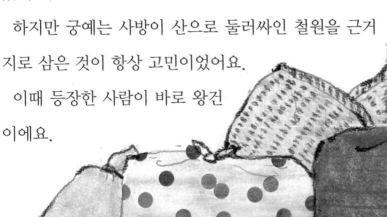

왕건은 스스로 궁예의 부하가 되기를 원했어요.

왕건은 원래 송악(개성)의 호족으로 뛰어난 장군이었어요.

왕건은 궁예의 부하로 용맹을 떨쳐서 한강 이북을 차지한 것은 물론이고, 뱃길로 전라도 나주, 충청도까지 쳐들어가서 견훤의 땅을 빼앗아 왔어요.

이렇게 커진 영토를 근거로 궁예는 '후고구려'를 세워요.

후고구려는 왕건의 현명함으로 나라가 점차 안정되었어요.

그런데 궁예는 점점 이상한 행동을 일삼았어요.

자신을 부처님이라고 하는가 하면, 신하를 믿지 못해서 죽이기 시작한 것이지요.

궁예의 횡포에 신하와 백성들은 등을 돌렸어요.

그리고 왕건이 궁예를 제거해 주길 바랐지요.

왕건은 마침내 궁예를 죽인 후 옛 고구려를 잇겠다는 뜻에서 나라 이름을 '고려'로 바꾸었어요.

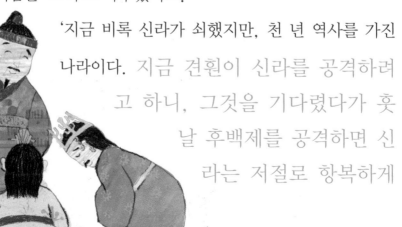

'지금 비록 신라가 쇠했지만, 천 년 역사를 가진 나라이다. 지금 견훤이 신라를 공격하려고 하니, 그것을 기다렸다가 훗날 후백제를 공격하면 신라는 저절로 항복하게

될 것이다.'

왕건의 생각대로 견훤은 신라를 공격하는 데 전력을 다 쏟았고, 결국 포석정에서 한가로이 술을 즐기던 신라 왕을 자결하게 만들었어요.

그런데 많은 사람들이 신라 왕을 능멸한 견훤에게서 등을 돌리고, 인자해 보이는 왕건에게 몰려들었지요.

게다가 견훤마저 아들에게 밀려 손을 내밀었으며, 신라 경순왕도 왕건에게 스스로 항복했어요.

왕건은 견훤 아들이 다스리던 후백제를 물리쳐서 마침내 후삼국을 통일해요.

견훤은 신라를 공격하는 데 힘을 기울였지만 왕건은 느긋하게 기다리며
뒷일을 기약했어! (뛰는 놈 위에 나는 놈 있다)

## 역사 안으로 풍덩 왕건, 후삼국을 통일하고 고려를 세우다!

왕건(877~943년)은 개성의 호족 출신 장군으로, 어릴 때부터 아버지에게 무역을 배웠기 때문에 머리가 뛰어나고 사람의 마음을 얻는 방법을 잘 알았어요. 왕건은 이 능력을 발휘하여 후삼국을 통일하고 고려를 세워요.

견훤(867~936년)은 신라에서 탈출한 장군으로, 옛 백제의 여러 성들을 함락하고 후백제를 세웠어요. 중국과 외교를 맺고, 신라의 경애왕을 자결시키는 등 용맹한 모습을 보였지만 아들에게 쫓겨나는 신세가 되지요.

궁예(?~918년)는 신라의 왕족 출신으로, 왕건을 받아들이면서 큰 세력을 키워 후고구려를 세웠어요. 하지만 신라에 버림받았다는 마음의 병 때문에 포악한 짓을 일삼다가 신하들의 반란으로 죽음을 당하고 말아요.

# 목구멍이 포도청

먹을 음식이 없어 나쁜 짓을 해 무서운 포도청(옛날 경찰서)에 가게 된다는 말로,
**배가 고프면 무슨 일이든 할 수밖에 없다는** 뜻이야.

옛날에 포악한 임금이 있었어요.

임금은 가난한 백성들에게 세금을 내라고 강요하는가 하면, 죄를 지은 사람도 돈을 받고 풀어 주었어요.

"어제 포도청에서 김 서방 잡아가는 것 봤어? 으이구, 끔찍해."

"엊그제는 김 부잣집에서 쌀을 강제로 빼앗아 가더라고."

"이제 포도청의 '포' 자만 들어도 징글징글하구먼."

그런데 백성들이 입에 풀칠도 못 하자 하나둘 마음이 변했어요.

"안 되겠어, 아무리 무서운 포도청이라지만 자식들 먹일 곡식이라도 내어 달라고 사정 좀 해야겠어."

"괜찮겠나? 오히려 잡아넣을 수도 있는데……."

"사람이 죽게 생겼는데 그게 무슨 대수인가?"

배고픈 백성들은 포도청으로 몰려갔어요.

써 보자! 생활 속 속담

# 뛰는 놈 위에 나는 놈 있다

스스로 뽐내는 사람을 경계하여 이르는 말로,
**아무리 재주가 뛰어나다 하더라도 그보다 더 뛰어난 사람이 있다**는 뜻이야.

어느 고을에 심술 맞은 원님과 착한 이방이 있었어요.

어느 날 원님은 심술이 나서는 이방을 불렀어요.

"한 달 안에 딸기를 구해오지 못하면 큰 벌을 내릴 것이다."

'이 춥고 눈보라 치는 겨울에 어디서 딸기를 구한단 말인가?'

이방은 날마다 걱정을 하다가 마침내 몸져눕고 말았어요.

이방은 까닭을 묻는 아들에게 그동안의 고민을 털어놓았어요.

"아버님, 너무 걱정 마세요. 제가 원님을 만나고 오겠습니다."

아들은 원님 앞에 가서 슬픈 표정으로 말했어요.

"저희 아버지가 딸기를 찾아 헤매시다가 그만 뱀에 물리셨습니다."

"이 겨울에 뱀이 어디 있단 말이냐?"

"나으리, 그럼 이 추운 겨울에 딸기는 어디에 있습니까?"

원님은 이방 아들의 지혜로움에 얼굴을 붉혔어요.

### 써 보자! 생활 속 속담

# 거란과 친하고 싶지만
# 여진이 끼어 있어서…

### 작은 고추가 맵다 / 말 한마디에 천 냥 빚도 갚는다

고려 성종 때에 거란이 수십 만 대군을 이끌고 쳐들어왔어요.

거란은 항복을 요구하였으나 고려는 그것을 해결할 방법을 찾
지 못하고 발만 동동 굴렀지요.

"큰일입니다. 지금 우리 고려의 힘으로는 거란에 맞서 싸워도
형세를 역전시킬 수 없는 것이 사실이지 않습니까?"

"맞습니다. 전쟁을 하지 않고 하루빨리 거란을 돌아가게 할 방
법을 찾아야 합니다."

"거란한테 서경 북쪽 땅을 떼어 주고, 화해를 청하고 평화을 도모하는 것이 어떻겠습니까?"

대부분의 신하들이 거란에게 땅을 내어 주고 화평할 것을 주장했어요.

이때, 서희라는 신하가 왕에게 나서며 말했어요.

몸이 작은 서희였지만, 목소리는 누구보다 당당하고 우렁찼지요.

"거란이 고려를 침입한 것은 고려의 영토를 차지하기 위한 것이 아닙니다. 거란은 평소에 고려가 송나라와 친밀한 관계를 유지하는 것을 눈엣가시처럼 생각하지 않았습니까?"

"그건 그렇지만……. 어떻게 거란의 마음을 돌려놓는다는 것이오?"

조정의 신하들이 모두 고개를 갸우뚱하자 서희가 용기 있게 말했어요.

"소신이 직접 거란의 장군 소손녕을 만나고 오겠습니다."

마침내 적진으로 들어간 서희는 옷매무새를 바로잡았어요.

그리고 소손녕이 있는 막사로 의기양양하게 들어갔지요.

소손녕은 초라하고 볼품없는 고려의 사신을 힐끗 보더니 못 본 척했어요.

서희는 비록 몸집이 작았지만 실력과 용기가
대단한 사람이었어! (작은 고추가 맵다)

그러나 서희는 전혀 주눅 들지 않고 말했어요.

"장군, 나는 고려 왕이 보낸 사신이니, 사신으로서 대우를 해 주십시오."

소손녕은 고려 사신의 바른 말에 흠칫 놀랐지만 목소리를 높여 말했어요.

"음, 그대의 나라는 신라 땅 위에 세워졌고, 고구려 땅은 원래 우리 땅이다. 그런데 그대들이 조금씩 차지하였으니 이 땅을 우리 거란이 되찾으려 하는 것은 당연한 일이 아닌가?"

서희는 기다리기라도 한 듯 또박또박 대답을 이어 갔어요.

"장군, 당치 않은 말씀이십니다. 우리는 고구려를 계승한 나라입니다. 그래서 나라 이름도 '고려'로 짓고, 도읍도 평양(서경)으로 한 것입니다."

"그, 그래? 하지만 우리 거란과 국경을 접하고 있으면서도, 바다 건너에 있는 우리의 적국 송나라만을 가까이하는데 어찌 가만 두고 볼 수 있겠는가?"

"국경 지역은 오랑캐인 여진족이 차지하고 있어서 우리가 거란과 교류하지 못하고 있을 뿐입니다. 만약 여진족을 내쫓고 다시 우리 땅으로 만들어 성을 쌓고 도로를 만든다면, 거란과 교류하면서 지낼 수 있을 것입니다.”

“정말인가? 전쟁은 두 나라에게 도움이 되지 않으니 싸울 필요 없이 압록강 부근의 땅을 고려에 주면 되겠는가?”

소손녕은 서희의 예의 바르고 당당한 태도에 오히려 쩔쩔매면서 군사를 돌릴 것을 약속했어요.

서희는 금방이라도 전쟁이 일어날 것 같은 상황에서 말 한마디로 피 한 방울 흘리지 않고
거란의 침입을 막고, 고려의 옛 영토도 돌려받을 수 있었어!(말 한마디에 천 냥 빚도 갚는다)

## 서희, 말 한마디로 전쟁을 막다!

서희(942~998년)는 고려 시대 국제 정세를 읽는 눈이 탁월했던 외교관으로, 거란의 침입을 영리하게 막아 냈어요. 서희는 당시 거란이 고려 정복에 힘을 쏟는 것을 원하지 않음을 미리 알고 지략을 발휘했어요.

서희는 거란이 침입해 오자 적군의 장수 소손녕과 직접 만나서 담판을 벌였어요. 서희는 고려가 송나라와 관계를 끊는 대신, 거란으로 가는 길목인 압록강 동쪽 280여 리의 땅을 돌려받았어요. 고려는 이 지역에서 여진족을 몰아낸 뒤, 흥화진(의주), 용주(용천), 통주(선천), 철주(철산), 귀주(귀성), 곽주(곽산)의 강동 6주에 성을 쌓았어요. 이로써 고려의 국경이 고구려의 멸망 이후 처음으로 압록강에 이르렀어요.

# 작은 고추가 맵다

크기는 작은데 보통 고추보다 훨씬 매운 작은 고추에서 유래한 말로,
**몸집은 작아도 힘이 세거나 야무지고, 똑똑한 사람**을 이를 때 쓰는 말이야.

어느 마을에 고추가 처음 들어왔어요.

마을 사람들은 고추를 보고 고개를 갸우뚱거렸어요.

"색깔은 참 고운데 모양이 원······."

"요 작은 놈은 뭐고 큰 놈은 또 뭐요?"

키가 멀끔하게 큰 남자가 큰 고추를 냉큼 베어 먹었어요.

"오호, 혀끝이 짜릿하고 코끝을 톡 쏘는 것이 조금 맵네그려!"

"정말인가? 이 작은 놈은 덜 맵겠지?"

키가 작고 야무진 남자가 작은 고추를 크게 한 입 베었어요.

"아이고, 매워! 이 서방 살려!"

마을 사람들도 고추 맛이 궁금해서 모두 먹어 보았어요.

작은 고추를 먹은 사람들마다 펄펄 뛰면서 혀를 내둘렀어요.

"아이, 매워라! 작다고 얕봤다간 큰 코 다치겠네!"

써 보자! 생활 속 속담

작다고
얕봤더니
제법인데?

_____는
말도 몰랐어?

# 말 한마디에 천 냥 빚도 갚는다

갚아야 할 많은 빚을 말을 잘해서 갚지 않아도 된 것에서 유래한 말로,
**아무리 어려운 일도 말만 잘하면 해결할 수 있다는 뜻이야.**

어느 마을에 큰 부자가 갖바치(예전에 신발을 짓는 일을 직업으로 가진 사람)와 술주정꾼에게 돈 천 냥씩을 빌려 주었어요.

그런데 약속한 날짜에도 빚을 갚지 않자 부자는 몹시 화가 나서 술주정꾼 집 문을 탕탕 차며 말했어요.

"이봐! 내 돈을 왜 안 갚는 거야! 이자를 곱의 곱으로 붙일 테다!"

"흥! 그깟 돈 더러워서라도 갚을 테다!"

"괘씸한 놈! 관가에 신고해서 곤장을 맞도록 할 테다!"

부자가 이번에는 갖바치의 집으로 가서 똑같이 행패를 부렸어요.

"아이고, 어르신! 죽을 죄를 지었습니다. 한 달만 더 기한을 주시면 열심히 벌어서 은혜를 꼭 갚겠습니다."

갖파치가 무릎을 꿇고 싹싹 빌자 부자는 오히려 미안해졌어요.

"도, 돈이 없으면 꼭 갚을 필요는 없네. 빌려 준 돈은 그냥 쓰게나." ✡

 **써 보자!** 생활 속 속담

묘청, 서경 천도의 꿈

# 개경은 운이 다했으니
# 서경으로 도읍을 옮기소서!

바늘방석에 앉은 것 같다 / 계란으로 바위치기

고려는 불교를 국교로 삼았어요.

나라의 크고 작은 일을 결정할 때에 임금도 유명한 스님들의 말에 귀를 기울였지요.

어느 날 묘청이라는 스님이 인종에게 찾아왔어요.

"폐하, 현재의 도읍 개경(개성)은 땅의 운이 다하였으니 서경(평양)으로 옮겨서 새로운 시대를 맞이해야 합니다."

그 무렵 왕을 반대하는 세력이 난을 일으키고 궁궐이 불타는 등 어수선한 일이 많았던 터라서 인종은 솔깃했어요.

'그래, 고려의 앞날을 위해 서경으로 옮겨 새로 시작하는 거야!'

인종은 묘청의 말에 따라 서경에 궁궐을 지었어요.

"쯧쯧, 왕이 어리석은 중의 말에 넘어가다니 정말 나라 꼴이 어찌 되려는지……."

인종은 서경 천도를 놓고 묘청과 귀족들 사이에서 마음을
결정하지 못해 매우 불안해했어! (바늘방석에 앉은 것 같다)

"서경으로 도읍을 옮기면 개경에 땅과 군사들을 가지고 있는
우리 귀족들의 세력이 약해질 것은 불 보듯 뻔한 일
아니오?"

개경의 귀족들은 인종의 정책을 반대했어요.

'어떡하지? 묘청의 말을 들으면 묘청의 말이 옳
고, 귀족들의 말을 들으면 귀족들의 말이 옳으
니……'

인종은 둘 사이에서 마음이 불편하여
안절부절못했어요.

그러다가 서경에서 불이 나고, 서경으로
가는 길에 폭풍우가 쏟아지고 말이 놀라
다치는 사건이 일어났어요.

'폐하, 불길한 징조입니다!'

귀족들의 말에 인종은 마침내 서경 천도
계획을 포기했어요.

이 소식을 들은 묘청의 마음은 답
답하기 이를 데 없었어요.

"안타깝도다! 이대로 놔두면 금

나라를 칠 수 없는데…….”

묘청은 서경에서 군사를 일으켜 왕이 있는 개경으로 향했어요. 인종의 마음을 돌려서 서경으로 도읍을 옮기게 하려는 생각이었지요.

인종은 김부식에게 묘청의 군대를 제압하라고 명령했어요.

마침내 묘청의 원대한 서경 천도의 꿈은 도읍 개경을 지키고자 하는 거대한 귀족 세력에 의해 산산이 부서지고 말았어요.

묘청의 난 이후에도 크고 작은 반란이 계속 일어났어요.

그중 대표적인 것이 바로 무신 정변이에요.

당시 무신들은 승진도 잘 되지 않고 문신들의 지휘를 받았어요.

전쟁터에서 목숨 바쳐 싸우지만 늘 무시를 당했지요.

그러자 무신들이 잔뜩 화가 났어요.

'왕과 문신들은 잘 먹고 잘 사는데, 우리 무신들은 만날 무시만 당하니…….'

그러다가 왕과 함께하는 연회에서 술에 취한 젊은 문신이 나이 든 무신을 때리는 사건이 벌어졌어요.

'더 이상은 참을 수 없어! 쓴맛을 보여 줘야지!'

화가 난 무신들은 그날 밤 군사를 일으켜서 그 자리에 있었던 문신들을 닥치는 대로 죽였어요.

이 사건으로 무신들은 왕을 거제도로 쫓아내고 정권을 잡게 되었지요.

묘청은 나라를 걱정하여 서경으로 도읍을 옮기고 금나라를 쳐야 한다고 주장했지만, 거대한 귀족 세력의 반대로 인해 꿈을 접어야 했어!(계란으로 바위치기)

## 역사 안으로 풍덩

# 묘청, 풍수지리로 나라를 다시 일으키려 하다!

묘청(?~1135년)은 서경의 승려로, 뒤에 '정심'으로 이름을 바꾸었어요. 묘청은 1126년에 일어난 이자겸의 난과 궁궐의 화재로 불안해진 정세와 여진족의 압력으로 인한 고려의 앞날을 걱정하여 인종에게 서경 천도를 제안하였어요.

이것은 행운과 불운이 땅의 기운에 달려 있다는 풍수지리설에 의한 것이었는데, 인종도 서경에 궁궐을 짓는 등 인정을 해 주었어요. 또한 묘청은 여진족이 세운 금나라를 치자는 주장을 펴기도 했는데, 김부식 등의 귀족 세력이 서경에 화재가 나고 왕의 말이 날뛰는 등의 사고가 발생하자 들고 일어났어요. 그래서 고려는 묘청의 군대를 제압하고 서경 천도 계획을 수정하였어요.

# 바늘방석에 앉은 것 같다

날카로운 바늘이 가득한 방석에 앉으면 아파서 견딜 수 없듯이,
**어떤 자리에 그대로 있기가 몹시 거북하고 불안하다**는 말이야.

어느 마을에 콩 한 쪽도 나누어 먹는 의좋은 형제가 살았어요.

어느 날 형제가 길을 가다가 금 구슬 두 개를 발견했어요.

실랑이 끝에 형이 큰 구슬을, 동생이 작은 구슬을 가졌어요.

그러다가 강을 만나 배를 타게 되었어요.

'내 구슬을 다시 동생이 달라고 하지 않을까?'

'형님에게 괜히 큰 구슬을 가지라고 했나?'

형과 동생은 마음이 불편해서 얼굴을 찡그렸어요.

그 모습이 강물에 비치자 동생이 금 구슬을 강물에 휙 던졌어요.

형은 깜짝 놀라는가 싶더니 이내 자신도 금 구슬을 던졌지요.

"휴, 이제야 편하네. 잠시라도 동생을 의심해서 미안하네."

"아니에요! 잠시지만 나쁜 마음을 먹으니 저도 거북했습니다."

배에서 내린 형제는 다시 다정하게 길을 갔어요.

**써 보자!** 생활 속 속담

# 계란으로 바위치기

깨지기 쉬운 계란이 단단한 바위를 치는 상황에서 유래한 것으로,
**보잘것없는 힘으로 대들어 보아야 별수가 없음**을 뜻하는 말이야.

어느 숲 속에 커다란 바위 하나가 있었어요.

어느 날 개구리 한 마리가 바위에 통통 몸을 부딪히며 말했어요.

"이 바위에 부딪혀서 우리 엄마가 돌아가셨어. 내가 매일 와서 부딪혀서 언제가는 꼭 박살을 내고 말 거야."

이 모습을 본 소나무가 걱정하며 말했어요.

"얘야, 어떻게 네 작은 힘으로 이 큰 바위를 깨뜨린단 말이니? 고집 피우지 말고 어서 돌아가렴."

그날 이후 개구리는 매일 찾아와서 바위에 몸을 부딪혔어요.

그렇게 일 년, 이 년, 몇 년이 지난 어느 날이었어요.

간밤에 큰 바위가 두 쪽으로 갈라져 있었어요.

잠에서 깬 소나무가 깜짝 놀라 말했어요.

"간밤에 번개가 치더니 개구리의 소원을 이루어 주었네!"

**써 보자!** 생활 속 속담

# 고려 조정에서 못하면
# 백성의 힘으로 나라를 구하자!

간이 콩알만 해지다 / 티끌 모아 태산

힘으로 정권을 잡은 무신 정권은 나라 안에서 권력을 확실하게 다지는 일에만 몰두했어요.

그 사이에 칭기즈 칸에 의해 대제국을 건설한 몽골이 고려로 쳐들어왔어요.

아무 대책 없이 몽골의 침입을 받게 된 고려는 다행히 몽골과 화친을 맺어 관리들만 남긴 채 몽골군을 돌려보냈어요.

'큰일 났다, 몽골이 다시 쳐들어올 게 뻔한 데 어쩌지? 몽골군은 대륙에서만 싸웠으니 일단 바다 건너로 피하자!'

무신 정권은 도읍을 강화도로 옮기고, 바다 건너에서 몽골군을 기다렸어요.

이때 고려의 백성들은 비겁한 무신들의 모습을 보고 크게 실망하였어요.

두 번째로 쳐들어온 몽골군은 개경을 쉽게 점령하고 무신 정권을 위협했어요.

"도망가도 소용없다! 개경으로 돌아와서 황제에게 예의를 갖추지 않으면 가만두지 않겠다!"

몽골군은 무신 정권이 반응이 없자 고려 백성들을 닥치는 대로 죽이고 약탈했어요.

그러나 몽골의 침략 앞에서 고려의 귀족들은 자신들의 목숨을 챙기기에만 바빴어요.

그러자 백성들은 점차 조정에 등을 돌렸어요.

"귀족이라는 자들이 자기 목숨만 챙기는 꼴이라니……. 우리 스스로 몽골군과 싸워서 나라를 구하는 길밖에 없겠구나!"

고려군과 백성들은 한마음으로 힘을 합해서 몽골군에 맞서 싸웠어요.

김윤후라는 스님이 이끌던 처인성에서는 적의 우두머리를 죽이고 적군을 후퇴시키기도 했어요.

"지금은 후퇴하지만 곧 다시 돌아올 것이다!"

몽골의 침입으로 초조대장경의 목판이 불타 없어지자 고려의

무신 정권은 막강한 힘을 가진 몽골군을 보자 겁을 먹고
강화도로 도망갔어! (간이 콩알만 해지다)

조정에서는 대장경을 다시 만들어 부처의 힘으로 나라를 구하고자 했어요.

왕족에서, 지식인, 승려, 일반 백성에 이르기까지 다양한 사람들이 팔만대장경을 만드는 일에 참여하며 고려의 승리를 기원하였어요.

'부처님의 은덕으로 우리 고려를 지켜 주시옵소서!'

수천 만 개나 되는 엄청난 분량의 글자를 한 자 한 자 새길 때마다 절을 세 번씩 꼬박꼬박 했다고 해요.

몽골군은 모두 일곱 차례나 고려를 침입했는데 다섯 번째 침입 때에는 20만 명이 넘는 고려 백성이 포로로 잡혔다고 해요.

몽골과의 오랜 전쟁으로 고려는 만신창이가 되었고, 그럴수록 백성들의 생활은 나날이 힘들어졌어요.

전쟁에 지친 것은 몽골도 마찬가지였어요.

그러자 몽골이 한 가지 제안을 했어요.

"개경으로 도읍을 옮기고 고려의 태자들을 몽골에 인질로 보내도록 하라! 그러면 우리도 돌아갈 것이다!"

마침내 고려는 몽골과 화평하기로 하고, 태자를 몽골의 수도 연경으로 보내기로 하였어요.

전쟁은 끝났지만 백성의 나라 사랑은 끝나지 않았어요.

삼별초라는 군대는 몽골과 화평하기로 하고 무신 정권이 개경으로 돌아온 이후에도 몽골군과 싸움을 멈추지 않았어요.

"분하다! 이 땅에 몽골군이 발붙이지 못하도록 끝까지 목숨 걸고 싸우리라!"

삼별초의 항쟁은 4년 동안이나 계속되었어요.

팔만대장경은 수많은 사람들의 정성이 하나씩 모여 만들어진
세계적인 걸작품이야!(티끌 모아 태산)

역사
안으로
풍덩

# 팔만대장경과 삼별초, 고려의 자주 정신을 보이다!

팔만대장경(1236~1251년)은 국보 제32호로, 몽골이 고려를 침입하자 부처의 힘으로 몽골군을 물리치기 위해 만든 대장경이에요. 16년 간의 대역사 끝에 간행되었으며, 판수가 8만 4천 개의 경전 말씀이 실려 있어 팔만대장경이라 불러요. 오늘날 남아 있는 세계에서 가장 오래된 대장경판으로, 그것이 보존되어 있는 해인사 장경판전은 유네스코 세계 문화 유산으로 지정되어 그 가치를 인정받고 있어요.

삼별초는 고려 무신 정권 때의 특수 군대로, 원래는 무신 정권의 치안 유지 군대였어요. 몽골과의 전투에서는 유격 전술로 몽골군을 괴롭혔으며, 정부가 개경으로 가자 개경 정부 및 몽골에 대항하여 항쟁하였어요.

# 간이 콩알만 해지다

사람 몸의 주요 장기인 간이 작아지는 느낌을 표현한 말로,
**몹시 두려워지거나 무섭다**는 뜻이야.

어느 날 몸 안의 장기들이 한자리에 모였어요.

먼저 심장이 말했어요.

"우리 주인은 화를 자주 내서 내 피가 거꾸로 솟을 지경이야!"

허파가 도리질을 하며 말했어요.

"말도 마! 웃기도 잘해서 내 방에 바람이 씽씽 들어온다니까."

비장이 어깨를 축 늘어뜨리고 말했어요.

"헥헥, 얼마나 움직이는지 피곤해서 미칠 지경이라고!"

신장은 가는 허리를 늘어뜨리고 말했어요.

"얼마나 짜게 먹는지 하루 종일 오줌을 만드느라 녹초가 됐어."

마지막으로 간이 익살스럽게 말했어요.

"우리 주인은 몸은 사랑할 줄 모르면서 건강엔 벌벌 떠는 사람일세!"

장기들이 모두 하하하 웃었답니다.

써 보자! 생활 속 속담

# 티끌 모아 태산

티끌은 눈에 보이지 않을 정도로 작은 것이지만, **아무리 작은 것이라도 모이고 모이면 나중에 큰 덩어리가 됨**을 이르는 말이야.

옛날에 어떤 아이가 대장간에서 쇳조각을 주워 왔어요.

"공부는 안 하고 이런 짓이나 하고 다니느냐?"

아버지는 꾸짖었지만 어머니는 야단치지 않았어요.

얼마 후 아이가 쇳조각을 또 가져왔어요.

어머니는 인자하게 말하셨지요.

"애야, 지금은 보잘것없이 작은 쇳조각이지만 언젠가는 크게 쓸 일이 생길 거란다."

어느 날 대장장이가 노름으로 대장간을 닫을 처지가 되었어요.

아이는 조용히 대장장이를 찾아가 말했어요.

"그동안 모아 둔 쇳조각입니다. 이걸로 다시 시작하시지요."

대장장이는 그 쇳조각으로 다시 불을 지피고 낫과 호미를 만들 수 있었어요.

써 보자! 생활 속 속담

형아, 그 돈으로 자동차 살 수 있어?

_____ 이라고 했어! 언젠가는 살 수 있을 거야!

공민왕, 개혁 정치

# 원나라의 꼭두각시가 된 고려를 다시 일으키리라!

남의 잔치에 감 놓아라 배 놓아라 한다 / 열 길 물속은 알아도 한 길 사람 속은 모른다

　　몽골은 나라 이름을 '원'으로 바꾸고, 고려의 태자들을 줄줄이 사위로 맞았어요.

　　원나라는 사위 나라가 된 고려를 점점 더 간섭했어요.

　　고려의 제도는 물론이고 머리 모양과 옷차림에 이르기까지 원나라와 똑같이 하라고 강요했어요.

　　"이러다가 고려가 원나라가 되는 게 아닐까?"

　　고려 조정과 백성들은 원나라를 싫어했지만, 커다란 힘 앞에서 어찌할 방법이 없었어요.

　　이런 상황에서 공민왕이 왕의 자리에 올랐어요.

　　'내 비록 원에서 성장하였지만, 고려가 원나라의 꼭두각시가 되는 것을 바라만 볼 수는 없다. 새로운 정치로 고려를 다시 일으켜 세우리라!'

원나라는 고려를 자기 나라처럼 사사건건 간섭했어!
(남의 잔치에 감 놓아라 배 놓아라 한다)

공민왕은 흔들리는 나라를 바로잡기로 마음먹었어요.

"한 나라의 왕으로서 나라의 일을 전부 알아야 하는 것은 당연한 것이오. 이제부터 모든 일을 내가 직접 명령하겠소."

공민왕은 왕권을 높이기 위한 일이 무엇인지 궁리했어요.

먼저 백성들을 괴롭히는 사람들을 엄하게 다스렸어요.

그리고 원나라와 친하게 지내면서 돈을 벌어들인 관리들을 내쫓았어요.

또, 원나라가 고려의 정치를 간섭하려고 두었던 '쌍성총관부'라는 기관을 장악한 뒤 폐지했어요.

공민왕의 현명한 정치로 흔들리던 고려가 서서히 일어서려던 참이었어요.

그런데 공민왕의 정책을 반대하는 사람들이 여기저기에서 반란을 일으키고 모함을 하기 시작했어요.

게다가 나라 밖에서 홍건적과 왜구까지 침입해 왔어요.

그리고 사랑하는 아내가 아기를 낳다가 죽는 바람에 공민왕은 그만 실의에 빠졌어요.

'아, 여보! 다시 일어서는 고려를 보여 주고 싶었는데…….'

이윽고 공민왕은 신돈이라는 스

님을 시켜서 정치를 하였어요.

그런데 신돈이 정치를 잘 못하는 바람에 결국 공민왕의 개혁 정치는 실패로 돌아갔어요.

공민왕이 죽은 뒤에도 왜구들은 노략질을 서슴지 않았어요.

고려에서는 최영, 이성계 등의 장군이 용맹을 떨치고, 최무선이 화포를 만들어서 싸웠지만 왜구는 계속 침입해 왔어요.

한편, 중국에서는 명나라가 새롭게 등장하였어요.

명나라는 고려가 요동 지역으로 진출할 것을 우려하여 경계와 압박을 가하더니 이번에는 철령 이북 땅을 내놓으라고 터무니없는 요구를 해 왔어요.

최영 장군은 화가 나서 우왕에게 말했어요.

"폐하, 명나라가 고려를 업신여기고 있습니다. 당장 요동 지역을 쳐야 합니다."

우왕은 최영 장군에게 요동을 정벌하도록 명령하고, 이성계와 조민수가 돕도록 하였어요.

왕의 명령을 받고 요동으로 가던 이성계가 갑자기 마음을 바꾸게 돼!(열 길 물속은 알아도 한 길 사람 속은 모른다)

　그런데 요동을 가는 도중에 이성계가 갑자기 마음
을 바꾸었어요.

　'큰 나라를 치게 되면 병사들과 백성들의 희생이 너무 크다.
그리고 전쟁을 나간 사이에 왜구가 쳐들어오면 어찌할 것인가?'

　결국 이성계는 왕명을 어기고 위화도에서 군대를 돌리고 말아
요.

역사 안으로 풍덩

## 공민왕, 개혁 정책을 펼치다!

　공민왕(1330~1374년)은 고려 제31대 왕으로, 태자의 신분으로 원나라에 인질로
가서 문물을 익혔어요. 그러나 왕위에 오른 뒤에는 원나라를 배척하고 친원파인
기씨 일가를 제거하였고, 쌍성총관부를 폐지하였으며 빼앗긴 영토를 되찾았어요.

　공민왕은 그 당시 유행하던 몽골식 의복을 폐지하고 자주적 전통을 추구하는 정
치를 펼쳤어요. 권문세족을 배제하는 공민왕의 개혁 정치는 처음에는 상당한 성공
을 거두었는데 나중에 신돈에게 편지를 맡기면서 부패하여 결국 실패하게 되었어
요. 하지만 그로 인해 신진사대부가 중앙 정치에 등장하는 계기가 마련되었지요.

# 남의 잔치에 감 놓아라 배 놓아라 한다

손님이 주인이 해야 할 일에 잔소리를 하는 모양으로,
**쓸데없이 남의 일에 참견한다**는 뜻이야.

어느 마을에 잔소리를 잘하는 김 영감이 있었어요.

"이 집 담은 왜 이리 높나? 정 없으니 싸리문을 열어 놓게!"

"저 집 아들은 예의 바르기는 한데 놀기를 좋아해서 큰일이구먼."

김 영감은 이 집 저 집을 돌아다니면서 간섭을 했어요.

최부잣집 제삿날이 있는 어느 날이었어요.

김 영감이 문 앞에서 하인들에게 주인처럼 소리쳤어요.

"이 사람들아, 제사상을 차리려면 순서를 지켜야지. 붉은 것은 동쪽에, 하얀 것은 서쪽에 어서 놓게나!"

하인들은 손님이 이래라저래라 하는 모습에 어의가 없었어요.

마침내 주인이 밖에서 들어오면서 말했어요.

"남의 제사상 참견하는 사람 쫓는 일부터 하거라!"

머쓱해진 김 영감은 머리를 긁적이면서 발길을 돌렸어요.

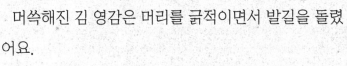

**써 보자!** 생활 속 속담

# 열 길 물속은 알아도 한 길 사람 속은 모른다

물의 깊이는 도구를 사용하면 직접 잴 수 있지만,
**사람의 속마음을 알기는 매우 힘들다는 말이야.**

어느 나라의 왕이 새 왕비를 맞이하게 되었어요.

'나라의 어머니가 될 사람이니 지혜로운 사람을 선택해야 한다!'

규수들이 궁궐로 모여들자, 왕은 어려운 질문 하나를 냈어요.

"세상에서 가장 깊은 것이 무엇인가?"

뜻밖의 질문을 받은 규수들은 저마다 대답을 했어요.

"세상에서 가장 깊은 것은 바다이옵니다."

"세상에서 깊고 깊은 것은 끝없이 펼쳐진 산이옵니다."

왕은 고개를 끄떡이면서 마지막 규수의 대답을 기다렸어요.

"아뢰옵기 황공하오나, 세상에서 가장 깊은 것은 그 깊이를 알 수 없는 사람의 마음 같습니다."

'이 규수라면 넓고 깊은 가슴을 가진 왕비로서 손색이 없겠구나!'

이렇게 해서 왕은 현명한 대답을 한 이 규수와 결혼을 했답니다.

## 써 보자! 생활 속 속담

# 무너진 왕권을 일으켜서 새 왕조를 세워야 해!

빛 좋은 개살구 / 닭 쫓던 개 지붕 쳐다보듯

위화도에서 개경으로 돌아온 이성계는 우왕을 몰아냈어요.

'나이 어린 우왕의 아들 창을 새 왕으로 앉히면 내 맘대로 조정을 이끌 수 있겠지?'

그러나 이성계가 음모를 꾀했다는 이유로 반대파에서 창왕을 폐위시키고 공양왕을 왕위에 올렸어요.

이 무렵 고려 조정은 두 개의 파로 나뉘었어요.

정몽주를 중심으로 한 쪽은 고려를 그대로 유지해야 한다고 주장하고, 이성계를 중심으로 한 쪽은 새로운 왕조를 세워야 한다고 맞섰지요.

'정몽주는 너무 한심해. 고려가 이미 운이 다했는데 억지로 우기다니…….'

이성계는 정몽주의 마음을 돌리게 하

려고 다섯째 아들 이방원을 보냈어요.

　이런들 어떠하리 저런들 어떠하리
　만수산 드렁칡이 얽혀진들 어떠하리
　우리도 이와 같이 얽혀 백 년까지 누리리라

이방원은 '하여가'라는 시로, 정몽주를 그럴 듯하
게 꾀여서 자기편을 만들려고 하였어요.

　이 몸이 죽고 죽어 일백 번 고쳐 죽어
　백골이 진토 되어 넋이라도 있고 없고
　임 향한 일편단심이야 가실 줄이 있으랴

　하지만 고려의 충신 정몽주는 '단심가'라는 시로, 고려에 대한
변함없는 충성심을 표현했어요.
　더 이상의 설득이 무의미하다고 생각한 이방원은 부하를 시켜
정몽주를 선죽교에서 죽이게 해요.
　정몽주가 죽자 이성계는 고려의 마지막 왕인 공양왕까지 밀어
내고 왕위를 차지했어요.

이방원은 정몽주에게 그럴 듯한 이유를 주어(빗 좋은 개살구)
자기편으로 끌어들이려고 시를 지었어!

이성계는 나라 이름을 '조선'이라고 바꾸고, 도읍을 한양으로 옮겼어요.

이성계는 유교를 숭상하고, 농사를 근본으로 하며, 명나라를 섬기는 것을 조선의 기본으로 삼았어요.

그런데 왕위를 물려줄 때가 되자 이성계는 이방원을 빼고 여덟 번째 아들로 세자를 정했어요.

'어떻게 아버지가 이러실 수 있지? 내가 어떻게 아버지를 왕에 올렸는데……'

이방원은 몹시 화가 나서 반란을 일으켰어요.

이 일로 형 방과가 왕위에 올라 정종이 되었어요.

정종이 일찍 물러나면서 이방원이 세 번째 왕인 태종이 되어요.

태종은 조선을 힘이 있는 나라로 만들고 싶었어요.

그래서 인재를 공정하게 뽑기 위해 과거 제도를 정비하고, 인구를 정확히 파악하기 위해 호패법을 실시했어요.

그리고 왕의 권력을 강화하기 위해 6조를
직접 관리하고, 신하들의 군사를 나라로
끌어들였어요.

이런 과정에서 조선은 서서히 안정되어
갔어요.

그런데 태종도 왕위에서 물러날 때가 되
자 세자인 큰아들이 마음에 들지 않았어요.

'양녕은 노는 것을 좋아해서 큰일이야! 항상 공부하고 겸손한
충녕이 왕이 되어야 나라를 더 발전시킬 수 있어!'

태종은 결국 셋째 아들에게 왕위를 물려주었어요.

이 사람이 바로 조선 최고의 왕 세종 대왕이에요.

이성계가 이방원을 빼고 다른 왕자에게 왕위를 물려주려고 하자
이방원은 난처한 상황이 되었어!(닭 쫓던 개 지붕 쳐다보듯)

## 이성계와 이방원, 조선의 기틀을 세우다!

이성계(1335~1408년)는 조선을 세운 태조로, 우군도통사로 요동 정벌을 하러
갔다가 위화도에서 군대를 돌려서 우왕을 폐하고 왕이 되어요. 힘으로 나라의 제
도를 개혁하고 신진 세력이 등장할 수 있게 하였고, 도읍을 한양으로 옮겼어요.

이방원(1367~1422년)은 이성계의 다섯째 아들, 조선의 제3대 왕인 태종이에요.
아버지 이성계를 도와 조선 건국에 큰 공을 세우지만 세자 책봉에 불만을 품고 왕
자의 난을 일으켜요. 왕에 오른 후 의정부, 삼군도총제부, 의금부를 설치하는 등
제도를 개혁하고 조선 초기 왕권을 강화해요.

# 빛 좋은 개살구

겉보기에는 먹음직스러운 빛깔을 띠고 있지만 맛은 없는 개살구에 비유해서,
**겉만 그럴 듯하고 실속이 없는 경우**를 이르는 말이야.

어느 날 숲 속으로 까치 가족이 먹이를 찾아 날아왔어요.

"아빠, 엄마! 어떤 열매를 먹어야 해요?"

"그래, 열매 중에는 독이 있는 열매도 있단다. 우리가 먹어 본 다음
에 먹도록 하렴!"

엄마 까치와 아빠 까치는 검붉은 포도를 먹어 보았어요.

"얘들아, 맛있는 포도구나! 어서 먹으렴!"

그런데 웬일인지 막내 까치는 다른 나무를 가리켰어요.

"아빠, 저기 빛깔이 더 좋고 탱글탱글한 열매가 있어요."

막내 까치는 아빠, 엄마의 허락 없이 개살구를 한 입 물었어요.

"퉤, 퉤! 너무 시어서 입이 오그라드는 것 같아!"

"빛깔이 좋다고 모두 맛있는 것은 아니란다!"

아빠, 엄마가 나무라자 막내 까치는 괜스레 날개를 파닥였어요.

써 보자! 생활 속 속담

# 닭 쫓던 개 지붕 쳐다보듯

개가 닭을 쫓는데 닭이 지붕으로 올라가 허탈해진 상황으로, **애써 하던 일이 실패로 돌아가거나 남보다 뒤떨어져 어찌할 도리가 없이 됨**을 이르는 말이야.

개가 낟알을 콕콕 쪼아 먹는 닭에게 말했어요.

"닭아! 넌 하는 일 없이 좋은 쌀을 얻어먹는 비결이 뭐니?"

"난 똑똑하고 넌 바보라서 그렇지!"

닭이 일부러 놀리자 개가 버럭 화를 냈어요.

"뭐라고? 하루 종일 도둑을 지키느라 잠도 못 자는 내가 밥찌꺼기만 얻어먹는 이유가 바보라서 그렇다고?"

"나는 아침에 시간을 알리는 중요한 일을 하잖아. 그래서 시간을 꼭 기억하라고 '꼬끼오'라고 울고……. 넌 멍텅구리라서 '멍멍' 하는 거 아니니?"

"뭐, 멍텅구리라고?"

개가 화가 나서 닭의 벼슬을 콱 물었어요.

닭은 깜짝 놀라 파득거리다가 지붕으로 폴짝 올라갔고, 개는 더 이상 쫓지 못하고 지붕만 올려다봤어요.

**써 보자!** 생활 속 속담

앗, 어쩌지?

_____ 떨어진 피자만 쳐다보면 뭐 해!

세종 대왕, 훈민정음 창제

# 백성을 위한 글자와
# 농사를 위한 과학을 만들리라!

구슬이 서 말이라도 꿰어야 보배 / 우물을 파도 한 우물을 파라

　태종에 이어 왕위에 오른 세종 대왕은 어릴 때부터 성품이 어질고 학문을 즐겼어요.

　세종 대왕은 왕이 된 뒤에도 학문과 과학 분야에 각별히 관심을 가졌어요.

　세종 대왕은 과학적 재능이 뛰어난 장영실을 뽑아서 벼슬을 주었어요.

　그런데 신하들은 노비 출신이라는 점을 들어서 반대했어요.

　"출신이 무슨 문제란 말이오? 우리나라는 농사를 근본으로 하고 있는데 변변히 날씨를 측정하는 장치 하나 없지 잖소? 내가 그 일을 장영실에게 시킨 것이니 경들은 반대하지 마시오."

　세종 대왕의 명을 받은 장영실은 밤낮없이 연구했어요.

세종 대왕은 장영실에게 평소 소망하던 농사에 도움이 되는
발명을 하게 하였어!(구슬이 서 말이라도 꿰어야 보배)

그러던 어느 날 비의 양을 재는 기구인 '측우기'를 발명했어요.

"오호, 이것으로 비가 온 양을 재면 백성들이 홍수나 가뭄에 대비할 수 있겠구나!"

세종 대왕은 매우 기뻐하면서 장영실을 더 격려해 주었어요.

얼마 뒤 장영실은 이천과 함께 별의 움직임과 별자리를 기록하는 '간의'와 '혼천의'를 발명했어요.

"정말 대단하도다! 이것으로 계절의 변화를 알면 백성들이 농사짓기 더욱 편해지겠구나!"

세종 대왕은 끊임없이 장영실을 아껴 주었고, 장영실은 물시계인 '자격루'와 해시계인 '앙부일구'를 발명하여 보답했지요.

이런 노력으로 당시 우리나라의 과학 기술이 서양보다 200년이나 앞서게 되었어요.

한편 세종 대왕은 옛날 책을 모으고 번역하여 정리하는 일을 하던 집현전의 영역을 넓혔어요.

나·랏
말
쏘·미
에
달·아
뇸

"우리 조선은 나라 글자가 없어서 중국의 글자를 쓰고 있다. 중국 글자는 어려워서 백성들이 사용하지 못하지 않는가? 어떻게 하면 백성들도 쉽게 쓸 수 있는 글자를 만들 수 있을까?"

세종 대왕은 밤낮없이 집현전에 들러서 이 문제를 학자들과 의논했어요.

우리 글자를 만드는 데 지나치게 몰두한 나머지 눈병이 걸리기도 했어요.

또한 집현전 학자들이 연구에만 전념할 수 있게 아낌없이 배려했어요.

한번은 밤늦게까지 연구하다 책상에서 잠든 학자에게 자신의 옷을 덮어 준 일도 있었지요.

세종 대왕과 집현전 학자들의 오랜 연구 끝에 1443년에 드디어 '훈민정음'이 탄생하였어요.

훈민정음은 하늘, 땅, 사람의 모양을 본떠 만든 모음과 발음

세종 대왕은 우리 고유의 글자를 만들기 위해 밤낮없이 노력을 집중했어! (우물을 파도 한 우물을 파라)

98

기관의 구조를 본떠 만든 자음으로 구성된 과학적인 글자예요.

"훈민정음이 백성들이 쓰기 좋은 글자인지 시험해 보거라!"

세종 대왕은 훈민정음을 바로 반포하지 않고 3년 동안 널리 시험해 보도록 하였어요.

'훈민정음을 쓰면 우리 선비들이 애써 공부한 한자는 쓸모없는 것이 되잖아. 안 될 말이지.'

나이 든 신하들은 훈민정음의 사용을 적극적으로 반대했어요. 훈민정음이 자기들 자리를 위협할 것이라 생각했지요.

그럼에도 불구하고 세종 대왕은 1446년에 훈민정음을 반포해요. 글자를 모르는 백성들이 쉽고 편하게 훈민정음을 사용하도록 하기 위한 마음이었지요.

## 역사안으로 풍덩 세종 대왕, 우리 역사에 큰 발자취를 남기다!

세종 대왕(1397~1450년)은 조선 제4대 왕으로, 인재를 고루 등용하여 이상적인 정치를 펼쳤으며, 훈민정음을 창제하고 측우기를 발명하는 등 백성들의 생활에 실질적인 도움을 준 우리 역사상 가장 훌륭한 왕이에요.

세종 대왕은 옛 서적을 모으고 정리하는 기관이었던 집현전을 우리 고유의 글자를 만드는 일을 하도록 확대하였어요. 또한 노비 출신의 장영실을 과감하게 등용하여 측우기, 앙부일구, 혼천의, 간의 등의 농사에 도움이 되는 과학 기구들을 만들게 하였어요. 그리고 김종서 등을 통해 6진을 개척하여 압록강에서 두만강까지인 지금의 우리나라 영토를 확보하였어요.

# 구슬이 서 말이라도 꿰어야 보배

구슬이 많이 있어도 하나씩 나뒹굴면 쓸모없지만 실로 꿰면 보배가 되듯,
**아무리 좋은 것이라도 쓸모 있게 만들어 놓아야 가치가 있다**는 뜻이야.

옛날 어느 부잣집에 세 며느리가 있었는데, 하루는 부자가 세 며느리에게 볍씨 한 톨을 주고 3년 동안 간직하라고 했어요.

3년 뒤, 시아버지가 세 며느리를 불렀어요.

"저는 볍씨를 솜 속에 소중하게 담아 잘 간직해 두었습니다."

"저는 볍씨로 씨를 뿌려서 수확을 했습니다."

첫째와 둘째 며느리가 대답하자 막내 며느리가 말했어요.

"저는 아버님이 주신 볍씨로 참새를 잡았습니다. 그런데 옆집 아주머니가 약으로 쓰겠다고 해서 달걀 하나와 바꾸었어요. 그리고 그 달걀을 암탉에게 품게 해 깨어난 병아리를 닭으로 키웠습니다. 그 닭을 팔아 돼지를 샀고, 그 돼지를 팔아서 송아지를 샀습니다."

"허허, 장하다! 보잘것없는 볍씨로 큰 보물을 만들었구나!"

시아버지는 막내 며느리에게 재산을 물려주었어요.

**써 보자!** 생활 속 속담

# 우물을 파도 한 우물을 파라

우물을 파서 물이 나오게 하려면 오랜 시간 공을 들여야 하듯,
**무슨 일이든 한 가지 일을 끝까지 열심히 해야 성공한다**는 뜻이야.

어느 날 선비가 강을 건너려는데, 뱃사공이 세 사람이나 있었어요.

'음, 누구의 배를 탈까?'

선비는 마을 사람에게 살짝 물어보았어요.

"저 세 사람 중에 누구의 실력이 가장 좋습니까?"

"한 사람은 머리가 좋고, 한 사람은 힘이 좋고, 한 사람은 특별한 게 없지요."

"그럼, 앞의 두 사람의 배를 타야겠구려!"

"한 사람은 물살이 셀 때에는 돌아오고, 한 사람은 가다가 힘들면 쉬어 가지요."

"그래도 특별한 것 없는 뱃사공의 배는 타고 싶지 않구려!"

"하지만 평생 한 번도 노를 놓은 적이 없답니다."

어느새 선비는 그 뱃사공의 배를 향해 걸어갔어요.

**써 보자!** 생활 속 속담

_____ 더니 하나를 열심히 하니까 세계 1등이잖니?

세조와 연산군, 비운의 정치

# 나라를 망치는 세력은 누구든 당장 없애야 해!

똥 묻은 개 겨 묻은 개 나무란다 / 못된 송아지 엉덩이에 뿔이 난다

세종 대왕이 세상을 떠나자 조선은 다시 혼란에 빠졌어요.

몸이 약했던 문종이 2년 만에 숨을 거두자 어린 단종이 엉겁결에 왕이 되어요.

'혼란한 조정에서 어린 임금을 지키려면 우리가 나서야 해!'

문종에게 단종을 부탁 받은 김종서 등의 몇몇 중신들이 단종을 대신하여 나랏일을 하나하나 해결해 갔어요.

이를 지켜보던 단종의 작은아버지 수양 대군은 화가 났어요.

'엄연히 왕족이 있는데, 한낱 신하일 뿐인 김종서가 어린 임금을 허수아비로 만들어 놓고 나라를 쥐락펴락하다니……. 그리고 어린 임금으로는 이 나라를 이끌 수 없어.'

마침내 수양 대군은 김종서 무리를 제거했어요.

그리고 어린 조카에게 왕위를 양보 받아 자신이 왕에 올랐어요.

세조는 부정한 방법으로 왕위에 오른 자신의 잘못을 가리기 위해 어린 단종을 모시려는
충신들에게 죄를 물어 죽이기를 서슴지 않아!(똥 묻은 개 겨 묻은 개 나무란다)

많은 신하들이 세조가 된 수양 대군을 인정하지 않았어요.

그리고 단종을 다시 왕위에 올리려고 했어요.

"하늘 아래 왕이 둘일 수 없다! 죽음을 각오하고 단종 임금님을 다시 왕위에 올릴 것이다!"

세조는 이렇게 다짐한 신하들은 모두 제거하고 단종을 강원도 영월로 유배시켜요.

그 후로도 많은 신하들이 단종을 복귀시키려고 하자 세조는 마침내 어린 조카마저 죽이도록 명령을 해요.

'부정한 방법으로 왕위에 올랐으니 나랏일을 더 잘해야 해!'

세조는 혼란을 어느 정도 수습한 후에 개혁 정치로 나라를 발전시키려고 노력해요.

세조에 이어 왕이 된 예종이 13개월 만에 죽자, 또 어린 성종이 왕위에 올라요.

성종은 할머니 정희왕후에게 간섭을 받으며 정치를 시작하여 스무 살이 되어서야 독립을 해요.

"내 어릴 때부터 보니 나라 경제를 어렵게 하는 돈 많은 귀족들을 몰아내는 것이 필요하다. 그리고 시골에서 학문을 깊이 연구한 참신한 선비들을 발굴해서 벼슬을 줄 것이다."

성종은 학자들과 같이 〈경국대전〉을 완성하였어요.

하지만 나라의 안정을 바랐던 성종과는 달리 뒤를 이은 연산군은 정치를 돌보지 않고 많은 사람을 죽음으로 몰아넣어요.

"증조할아버지 세조를 비판한 선비들을 두고 보지 않으리라. 그리고 나를 낳아 준 어머니를 억울하게 죽인 신하들을 가만두지 않으리라!"

연산군의 횡포가 점점 심해지자 신하들이 뜻을 모아요.

"나라를 위해 다른 왕을 새로 세워야 합니다."

마침내 연산군을 쫓아내고 중종을 왕으로 올리지요.

이렇게 왕위에 오른 중종은 새로운 정치를 펼치고 싶었어요.

"현량과를 설치하여 학식과 인품을 갖춘 인재들을 신하로 등
용할 것이다!"

그런데 이것을 반대하는 세력들이 왕의 신임을 받던 조광조가
왕이 되려 한다는 헛소문을 퍼뜨려요.

'뭐야? 조광조가 왕에 오른다고?'

중종은 소문에 동요되어 조광조 세력을 모두 제거해요.

깨끗한 정치를 펼치고 싶었던 중종의 꿈도 이렇게 사라지지요.

연산군은 왕으로서의 본분을 잊고 남의 탓만 하면서
나쁜 행동을 일삼았어! (못된 송아지 엉덩이에 뿔이 난다)

## 역사 안으로 풍덩 세조와 연산군, 조정을 피로 물들이다!

세조(1417~1468년)는 조선 제7대 왕으로, 1428년 수양 대군으로 봉해졌어요.
수양 대군은 무인 세력을 이끌면서 1453년 어린 단종을 대신하던 김종서를 죽인
뒤 여러 중신들을 제거하고 세조가 되어요. 세조는 왕권 강화를 위해 6조 직계 체
제를 부활시키는 등 중앙 집권 체제를 확립하였어요.

연산군(1476~1506년)은 조선 제10대 왕으로, 많은 선비를 죽인 무오사화를 일
으키고 생모 윤씨의 폐비에 찬성했던 신하들을 죽이는 등 비운의 인물이에요. 경
연을 없애고 사간원을 폐지하는 등 비밀 정치를 하다가 중종반정으로 물러나요.

# 똥 묻은 개 겨 묻은 개 나무란다

더러운 똥이 묻은 개가 곡식의 껍질이 묻은 개를 오히려 나무란다는 내용으로,
**자기는 더 큰 흉이 있으면서 도리어 남의 작은 흉을 지적한다**는 뜻이야.

어느 골목에서 부잣집 개와 농부 집 개가 만났어요.

"우리 집은 소문난 부잣집이야. 그래서 마음껏 먹을 수 있고 얼마나
좋은데……."

"우아, 정말이니? 우리 주인은 만날 농사를 짓는데도 입에 풀칠하
기가 힘든데……."

"그럼, 내일 우리 집에 한번 놀러와! 음식을 나눠 줄게."

다음 날 농부 집 개가 부잣집에 찾아갔어요.

부잣집 개는 깜짝 놀라서 코에 똥을 잔뜩 묻힌 채 뛰어왔어요.

부잣집 개는 농부 집 개를 나무랐어요.

"아이고, 배야! 그 꼴이 뭐니? 네 몸에 곡식 껍데기가 잔뜩 묻었잖
아. 이렇게 씻지 않고 오면 앞으론 음식을 나누어 주지 않을 거야."

농부 집 개는 어이가 없었어요.

써 보자! 생활 속 속담

# 못된 송아지 엉덩이에 뿔이 난다

성질이 좋지 않은 송아지가 더 날뛴다는 뜻으로,
**되지못한 것이 엇나가는 짓만 한다**는 말이야.

어느 외양간에 소들이 모였어요.

"아휴, 힘들어! 하루 종일 뙤약볕에서 일했더니 쓰러질 것 같아!"

"조금만 기다려! 주인님이 먹을 것을 주실 거야."

"주인님 농사가 잘되어야 우리도 잘 먹을 수 있어."

소들이 긴 한숨을 내쉬자 송아지 한 마리가 입을 삐쭉거렸어요.

"쳇, 고양이가 쥐 생각하시네요."

"얘야, 그런 소리 하면 엉덩이에 뿔이 날지 몰라!"

아빠 소가 송아지를 나무라자 송아지가 화가 나서 외양간 울타리를
머리로 박고 난리를 피웠어요.

그러자 주인이 뛰어나와 잡으려고 했어요.

"가만히 있어. 이 못된 송아지야! 찰싹찰싹!"

송아지는 주인한테 맞아서 엉덩이가 불쑥 튀어나
왔어요.

**써 보자!** 생활 속 속담

이이와 이순신, 임진왜란 대비

# 왜군이 조선을 쳐들어오게 내버려 둘 순 없어!

콩으로 메주를 쑨다고 해도 곧이 안 듣는다  /  백지장도 맞들면 낫다

명종 때에 이르러서는 조정이 당파 싸움으로 어지러운 사이에 흉년까지 들어 백성들의 생활이 점점 더 어려워졌어요.

임꺽정이라는 도둑이 부자의 재산을 훔쳐서 백성들에게 나누어 준다는 소문이 조정에까지 들어갔어요.

"어서 임꺽정이라는 자를 잡아서 처형시켜라!"

왕의 명령에도 불구하고 임꺽정은 개성에서 번쩍, 한양에서 번쩍 나타났어요.

한편 옛날부터 우리 바다에서 노략질을 일삼던 왜구가 이 무렵에도 우리 백성을 죽이고 약탈하는 일이 계속 벌어졌어요.

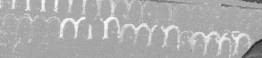

이이가 옳은 주장을 하는데도 신하들이
그 말을 곧이듣지 않고 반대하였어!
(콩으로 메주를 쑨다고 해도 곧이 안 듣는다)

이에 조선은 일본과의 무역을 통제했어요.

일본은 눈치를 보느라 잠시 주춤하는 듯하더니 또 배 70여 척을 앞세우고 전라남도 일대로 쳐들어왔다가 섬멸당했어요.

그리고 선조가 왕위에 올랐어요.

이이는 선조에게 충심으로 간언했어요.

"전하, 나라가 태평하니 군대와 식량이 준비되지 않아 걱정입니다. 10만 명의 군사를 길러 전쟁에 미리 대비해야 합니다."

그러나 당파 싸움에 눈이 먼 신하들은 이이의 주장에 콧방귀를 뀌었어요.

'이이가 왕의 관심을 끌려고 하는 짓이 분명해!'

결국 이이의 주장은 무시되었어요. 1592년 4월 과연 임진왜란이 일어났어요.

일본의 20만 대군이 부산 앞바다로 쳐들어왔어요.

"어쩌지? 우리는 전혀 준비 되지 않았는데……."

왜구의 갑작스런 침략에 당황한 선조와 신하들은 평양을 거쳐 의주까지 몸을 피했어요.

그리고 왜군이 순식간에 한양까지 치고 올라오자 황급히 명나라에 지원군을 요청했어요.

그러는 사이에 곽재우, 김시민, 이순신 등은 전국 곳곳에서 왜군과 용감하게 싸워서 승리의 소식을 전해 왔어요.

그중에서도 이순신은 거북선이라는 철갑선을 만들어서 해전에서 왜군에게 큰 승리를 거두었어요.

이순신은 왜군을 이길 방법을 항상 생각했어요.

"일본은 섬나라이기 때문에 해전에 강하다! 최신 무기의 왜군을 섬멸하려면 불화살에도 끄떡없는 철갑선을 만들어야 해!"

이순신은 군사들과 몇 날 며칠을 밤을 새워 가면서 철갑선을 만들었고 그 결과 일본의 대군을 번번이 무찌르지요.

이순신의 승전과 명 구원군의 도착으로 전세가 역전되더니 마침내 전쟁이 일어난 지 열 달 만에 평양을 되찾아요.

"이제, 한양이다! 왜군을 한 명도 남기지 말고 섬멸하라!"

권율이 이끄는 조선군은 행주산성에서 일본군과 싸워요.

이때 백성들도 너나 할 것 없이 소매를 걷어붙였어요.

"우리 부녀자들도 작은 힘이라도 보탭시다! 무기

가 부족한 우리 군대에게 돌멩이라도 날라 줍시다!"

당시 부녀자들은 행주치마에 돌을 날라서 적에게 피해를 입혔다고 해요.

백성들의 눈물겨운 노력에도 왜군은 쉽게 물러나지 않았어요.

그리고 14만 대군을 이끌고 다시 침략을 해 와요.

하지만 이번에는 조선이 호락호락 당하지만은 않았어요.

그리고 마침내 전쟁을 이끌던 대장 도요토미 히데요시가 병으로 죽자 쭈빗쭈빗 물러나기 시작해요.

힘이 약한 부녀자들도 단결하여서 왜군을
무찌르는 데 이바지했어! (백지장도 맞들면 낫다)

역사 안으로 풍덩

## 이이와 이순신, 임진왜란을 지혜와 용기로 맞서다!

이이(1536~1584년)는 조선 중기의 유학자이자 정치가로, 어려서는 신동으로, 커서는 아홉 번이나 과거에 장원 급제할 정도로 뛰어난 인물로 잘 알려져 있어요. 이이는 사회의 문제점을 진단하여 개혁 정치를 펼치고자 했으며, 임진왜란이 일어나기 전에 십만 명의 군사를 전국에 배치해야 한다는 주장을 하였으나 받아들여지지 않았어요.

이순신(1545~1598년)은 임진왜란 때 일본군을 물리치는 데 큰 공을 세운 장군이에요. 옥포 해전, 명량 대첩, 노량 해전 등 수많은 전투에서 승리하고 철갑선인 거북선을 만든 것도 위대하지만, 정치적으로 수많은 역경을 극복하고 오직 나라 사랑하는 마음으로 평생을 몸바쳤기에 더 훌륭한 인물로 평가되고 있답니다.

# 콩으로 메주를 쑨다고 해도 곧이 안 듣는다

메주는 원래 콩으로 쑤는 것인데도 그것조차 믿지 않는다는 뜻으로,
**말하는 사람을 믿지 못하여 어떤 말을 해도 곧이듣지 않는다**는 말이야.

어느 마을에 못된 원님이 있었어요.

"아, 이 마을엔 왜 이리 죄짓는 사람도 없고 심심하냐?"

원님은 죄 없는 백성들을 일부러 감옥에 가두기도 하고, 아무 잘못
없는 관리의 뺨을 때리기도 했어요.

못된 원님의 횡포가 계속되자 백성들은 원님이 무슨 말을 해도 곧
이듣지 않았고, 원님을 피해 다녔어요.

"이대로는 못 참아! 못된 원님에게 복수를 해야지!"

어느 날 억울하게 뺨을 맞았던 이방이 꾀를 냈어요.

원님이 꾸벅꾸벅 졸고 있는 사이에, 어떤 꼬마가 원님에게로 다가
가 이유 없이 원님의 뺨을 찰싹찰싹 때렸어요.

"이놈, 무슨 짓이냐? 이놈을 당장 옥에 가두지 못할까?"

원님이 외쳤지만 관아에는 아무도 원님을 돌보
는 이가 없었어요.

## 써 보자! 생활 속 속담

제발!
장난감 좀
빌려 줘!

거짓말쟁이 형 말은
＿＿＿＿＿＿＿＿ 고!

# 백지장도 맞들면 낫다

아주 가벼운 백지장도 함께 들면 더 가벼워진다는 뜻으로,
**쉬운 일이라도 협력하여 하면 훨씬 쉽다**는 말이야.

옛날에 어떤 임금님이 과수원지기를 찾고 있었어요.

'몸이 성한 사람은 열매를 탐낼 게 분명해! 그래, 장님은 열매를 보지
못하고 앉은뱅이는 열매를 딸 수 없으니 열매를 지킬 수 있을 거야!'

임금님은 장님과 앉은뱅이를 과수원지기로 임명했어요.

어느 날 앉은뱅이는 먹음직스런 열매를 보고 넋을 잃고 말았어요.

"이보게, 나는 볼 수 있고 자네는 설 수 있으니, 자네가 내 등 위에
올라가서 저 열매들을 따 주게. 그런 다음에 나누어 먹세."

결국 임금님의 과수원에는 열매가 하나도 남지 않았어요.

임금님이 화가 나서 두 사람을 불러 다그쳤어요.

"장님인 저는 아무것도 못 보았습니다."

"앉은뱅이인 저는 나무에 올라가지 않았습니다."

장님과 앉은뱅이가 모른 척하자 임금님은 할 말을 잃
고 말았어요.

 써 보자! 생활 속 속담

광해군과 효종, 중립 외교와 북벌론

# 조선을 짓밟은 청나라를 절대 잊지 않으리라!

자라 보고 놀란 가슴 솥뚜껑 보고 놀란다 / 돌다리도 두들겨 보고 건너라

임진왜란으로 조선은 폐허가 되었어요.

전쟁이 끝나고 왕위에 오른 광해군은 무너진 조정을 일으켜 세우기 위해 당파를 따지지 않고 인재를 고루 등용하고자 했어요.

"나라가 사는 길은 배고픈 백성들을 살리는 것뿐이다. 백성들의 세금을 줄여 주고, 세금 대신 쌀로 낼 수 있도록 하거라."

왕의 노력에 용기를 얻은 백성들도 척박해진 땅을 다시 일구고 살아보려고 안간힘을 썼지요.

그런데 이런 광해군을 주변에서 가만두지 않았어요.

조정에서는 인목 대비의 아들 영창 대군을 왕으로 모시려는

움직임이 있었어요.

　그리고 명나라에서는 형인 임해군이 있는데 광해군이 왕이 된 것을 의심하고 인정하자 않았어요.

　그래서 조선에 사신을 보내어 이를 조사하려고 했어요.

　"전하, 그냥 있으면 명나라가 가만있지 않을 것입니다.　임해군을 눈에 안 띄게 해야 합니다."

　전쟁의 상처를 잊지 않은 광해군은 할 수 없이 형을 귀양 보낼 수밖에 없었어요.

　이 일로 인목 대비를 따르는 무리들이 크게 반발을 하였어요.

　"전하, 왕이 버젓이 있는데 의붓어머니가 무리를 선동하는 것은 잘못입니다. 인목 대비의 자리를 빼앗아야 합니다."

임진왜란이라는 큰 전쟁으로 많은 상처를 입은 조선의
왕으로서는 명나라를 자극하고 싶지 않았을 거야!
(자라 보고 놀란 가슴 솥뚜껑 보고 놀란다)

　신하들이 광해군을 계속 압박하자 광해군은 인목 대비의 자리를 빼앗고 서궁에 가둔 채 나오지 못하게 하였어요.

　이 일을 곱지 않게 바라보던 무리들은 결국 광해군을 왕에서 끌어내리고 인조를 왕으로 세우는 반란을 벌였지요.

　무너진 나라를 바로 세우려던 광해군의 꿈은 왕실의 편 가르기로 산산이 부서지고 만 것이에요.

　인조가 왕이 된 사이에 중국은 후금의 힘이 커지고 있었어요.

　후금은 1627년 조선에 쳐들어와 무리한 요구를 해요.

　"조선은 명나라를 멀리하고 우리 후금에 군사를 보내라."

　결국 조선은 후금과 형제 나라가 될 것을 약속하지요.

　그러더니 1636년, 후금이 청나라로 이름을 바꾸어 20만 대군을 이끌고 압록강을 넘어오는 병자호란이 일어나요.

　그리고 조선 조정이 강화도로 피신한다는 소문을 듣고 그곳으로 가는 길목을 차단해요.

효종은 신하들의 여러 의견을 받아들여서 청나라를 쳐야 한다는
생각을 잠시 접어 두었어(돌다리도 두들겨 보고 건너라)

인조는 남한산성으로 피신하여 청나라 군대와 맞섰어요.

결국 인조는 삼전도에서 청의 황제에게 무릎을 꿇고 말아요.

"괘씸한 청나라 놈들, 내 청나라를 쳐서 혼쭐을 내 주리라!"

인조의 뒤를 이은 효종은 삼전도의 치욕을 잊지 않고 청나라
에 복수할 생각으로 칼을 갈았어요. .

그러나 조정의 몇몇 신하들은 반대를 했어요.

"전하, 백성들의 살림이 바닥나 있습니다. 군사를 키우는 것보
다 나라 경제를 살리는 것이 우선입니다."

효종은 신하들의 말을 받아들여서 당장은 북벌 계
획을 접어 두었어요.

하지만 날마다 청나라를 칠 방법을 궁리하느라 잠
을 못 이루었어요.

그러나 효종은 끝내 꿈을 이루지 못한 채 숨을 거두고 말아요.

## 광해군과 효종, 국제 관계의 해법을 고민하다!

광해군(1575~1641년)은 조선 제15대 왕으로, 명과 후금 두 나라 사이에서 실리
외교를 펼친 왕이에요. 당쟁에 휩쓸려 임해군과 영창 대군을 죽이고, 인목 대비를
가두었는데, 결국 인조반정으로 왕에서 쫓겨나고 말아요.

효종(1619~1659년)은 조선 제17대 왕으로, 병자호란 때 청나라로 8년간 볼모로
갔다 돌아온 후 북벌 계획을 세워요. 군사 제도를 개편하고 군사 훈련을 강화하는
등 군력을 키우는 데 중점을 두는가 하면 '대동법'을 확대 실시하고 '상평통보'를
유통시키는 등 개혁적인 경제 정책도 펼쳤어요.

# 자라 보고 놀란 가슴
# 솥뚜껑 보고 놀란다

자라를 보고 몹시 놀라서 비슷한 것만 봐도 놀란다는 뜻으로,
**어떤 사물에 몹시 놀란 사람은 비슷한 사물만 보아도 겁을 낸다는** 말이야.

겨울밤 배고픈 호랑이가 마을로 내려왔어요.

어느 집에서 '으앙, 으앙!' 하는 아기 소리가 들려왔어요.

호랑이는 그 집으로 다가가 방문에 귀를 대고 숨을 죽였어요.

"아가, 뚝 해야지! 엄마가 엿 줄게."

그래도 아기는 울음을 그칠 줄 몰랐어요.

"큰일이네! 자꾸 울면 호랑이가 잡아간다!"

그러자 아기는 더 크게 울었어요.

"예쁜 우리 아가, 엄마가 곶감 줄까?"

그때 갑자기 아기가 울음을 뚝 그쳤어요.

"곶감이란 놈이 얼마나 힘세고 무섭길래 울던 아기가 울음을 뚝 그쳤을까? 곶감이란 놈이 오기 전에 어서 도망가야겠다."

곶감을 본 적 없는 호랑이는 곶감이란 말만 듣고 줄행랑을 쳤어요.✤

**써 보자!** 생활 속 속담

# 돌다리도 두들겨 보고 건너라

단단한 돌다리도 틈이 벌어지지 않았는지 확인해 보고 건너라는 뜻으로,
**잘 아는 일이라도 세심하게 주의를 하라**는 말이야.

어느 산사에 꼬마 스님이 살았어요.

"아함, 지루해! 숲 속에 밤이나 주으러 갈까?"

꼬마 스님은 큰 스님에게 말했어요.

"이 녀석, 숲 속에서 마귀할멈을 만나면 어쩌려고 그러느냐?"

"에이, 스님! 그런 게 어디 있어요. 저도 이제 다 컸다고요!"

꼬마 스님이 숲 속에서 떨어진 밤을 주워 먹고 있는데 갑자기 바람
이 휙 불더니 무서운 마귀할멈이 따라오는 것이었어요.

꼬마 스님이 겁에 질려 뛰었지만 마귀할멈은 계속 따라왔어요.

"크, 큰 스님! 마귀할멈이 자꾸 쫓아와요! 어서 쫓아 주세요!"

큰 스님은 꼬마 스님이 안심하도록 마귀할멈을 콩알만 하게 만들어
서 떡에 넣어 꿀떡 삼켜 버렸어요.

그제야 꼬마 스님은 큰 스님에게 넙죽 안겼어요.

## 써 보자! 생활 속 속담

수학 잘하려면
어떻게 해야 해?

_____ 고
했잖아. 나는 검산을 꼭 해!

# 백성을 위한 학문과 문화를 만들 수 없을까?

사공이 많으면 배가 산으로 간다 / 부뚜막의 소금도 집어넣어야 짜다

병자호란이 지나고 백성들의 생활은 다시 안정을 되찾았어요.

그런데 조정은 여전히 싸움 소리로 가득했어요

"당파 싸움이 아주 뿌리 깊도다! 나랏일을 하는 데 내 당 네 당이 뭐가 중요하단 말인가? 짐은 훌륭한 인재를 당파에 관계없이 등용하는 정책을 차근차근 펼쳐 가리라!"

영조가 탕평책을 펼치자 신하들은 시큰둥했어요.

'저러시다 말겠지!'

그런데 영조가 꾸준하게 탕평책을 펼치자 하나둘씩 왕의 뜻을 따르기 시작했어요.

하지만 뒤를 이을 세자의 행실을 놓고 신하들 사이에 틈이 벌어졌어요.

어떤 당파에서 세자의 잘못된 행동을 부풀려 아뢰고 터무니없

신하들의 모함에 휘말려서 영조는 돌이킬 수 없는 일을
저지르고 말아(사공이 많으면 배가 산으로 간다)

는 소문을 퍼뜨린 것이에요.

이 일로 다시 당파 싸움이 들끓자 영조는 화가 머리끝까지 치밀었어요.

그래서 오해를 못 푼 채 세자를 뒤주에서 죽게 만들어요.

"아, 내가 이런 끔찍한 일을 벌이다니……. 불쌍한 세자를 추모하는 뜻으로 '사도 세자'라 칭하노라!"

영조는 사도 세자가 죽은 뒤에 가슴 깊이 후회를 했어요.

그리고 죄를 뉘우치는 모습을 보이기 위해서라도 더 공정한 정치를 펼치고자 했어요.

당파 싸움의 근거지가 되는 서원을 없애고, 과거 시험에 탕평과를 두어 당파에 관계없이 실력 있는 인재들을 선발했어요.

　그리고 백성들을 위해 세금을 깎아 주고, 한양 청계천 등에 공
사를 벌여서 홍수 피해를 막아 백성들의 살림을 늘려 주었어요.
　영조의 뒤를 이은 정조도 매우 총명한 왕이었어요.
　"세종 대왕께서 집현전을 만드셨듯이 규장각을 만들어라! 그
곳에서 학문과 재능을 갖춘 인재를 키우리라."
　정조는 학문 연구를 목적으로 왕실 도서관인 규장각을 설치했
는데, 나중에는 왕의 주요 업무를 하는 기관으로 확대했어요.
　정조는 서자와 같이 천한 신분의 사람에게도 벼슬의 기회를
주었고 노비를 없애려는 노력을 하였지요.
　"실생활에 쓰일 수 있는 학문을 연구하라!"
　정조의 개혁적인 생각과 발을 맞추어서 실생활에
쓰일 수 있는 학문인 '실학'이 더 크게 일어났어요.
　실학은 사실을 토대로 진리를 탐구하고, 백성이 생계를 위해
사용할 수 있는 기구를 탐구하며, 세상을 다스리는 데 도움이

되는 학문이에요.

박지원은 〈열하일기〉와 〈양반전〉을 써 실학 사상을 전했어요.

박제가는 수레, 배, 도로 등의 제작 및 사용법을 소개하고, 〈북학의〉를 통해 상공업을 발전시켜야 한다고 주장하였어요.

정약용은 물건을 효율적으로 들어 올리는 방법을 궁리하다 '거중기'를 만들고, 고을 수령의 지침서인 〈목민심서〉를 썼어요.

한편 백성들도 이 무렵부터 문화를 즐기기 시작했어요.

〈춘향전〉, 〈심청전〉, 〈흥부전〉 등의 문학을 통해 양반과 상민 구분 없는 평등한 세상을 꿈꾸기 시작한 것이에요.

거기에 판소리, 탈춤, 민화 등도 즐길 수 있게 되면서 문화 중흥기가 이룩될 수 있었던 것이지요.

정조는 생활에 쓰일 수 있는 학문인 실학을 장려했어!
(부뚜막의 소금도 집어넣어야 짜다)

## 역사 안으로 풍덩 영조와 정조, 문화를 꽃피우다!

영조(1694~1776년)는 조선 제21대 왕으로, 53년 동안 왕의 자리에 있으면서 손자 정조와 함께 조선의 문화 중흥기를 이끌어요. 영조는 출생의 콤플렉스를 안고 탕평책을 펼쳐서 당파 싸움으로 얼룩진 조정을 바로잡고자 했고, 백성들을 위한 정치를 펼쳐 나갔어요.

정조(1752~1800년)는 조선의 제22대 왕으로, 불행한 과정을 거쳐 할아버지에 이어 왕에 올라요. 정조는 과거 제도를 개선하고 규장각을 설치하는 등 학문을 장려하였으며 직전법 등의 제도를 개혁하기 위해 노력하다가 갑작스럽게 죽고 말아요.

# 사공이 많으면 배가 산으로 간다

여러 사람이 제 주장대로 배를 몰려고 하면 결국에는 배가 엉뚱한 곳으로 간다는 뜻으로, **저마다 이러쿵저러쿵 참견하면 일이 제대로 되기 어렵다**는 말이야.

옛날에 선비 한 명이 배를 탔어요.

그 배에는 사공이 여럿 타고 있었지요.

"이보게, 사공! 내가 한양을 가려고 하는데 어디로 가야 가장 빨리 갈 수 있겠나?"

"다음 나루에서 내려 산을 두 개 넘어가면 한양이지요!"

사공 하나가 말하자 다른 사공이 소리쳤어요.

"여보쇼, 내가 이웃 마을 사는데 그곳은 길이 험해서 힘이 드오. 가능한 먼 나루에서 내려야 한다오."

그러자 또 한 사공이 비웃었어요.

"허허, 들어줄 수가 없구먼! 그곳에 산을 넘으면 또 강이 나온다오."

사공들이 다툼을 하는 사이에 배는 길을 잃고 말았어요.

그래서 배에 탄 사람들이 배를 든 채 산을 넘을 수밖에 없었지요.

**써 보자!** 생활 속 속담

# 부뚜막의 소금도
# 집어넣어야 짜다

부뚜막에 있는 소금도 넣지 않으면 음식이 짠맛을 낼 수 없다는 뜻으로,
**아무리 손쉬운 일이라도 힘을 들여서 이용하지 않으면 소용없다**는 뜻이야.

어느 집 부엌에 솥뚜껑이 달그락거렸어요.

"아이, 뜨거워! 우리 주인은 하루 종일 무얼 그리 끓이는지 머리가
지끈지끈해서 못 살겠네!"

"말도 마! 날마다 내 몸을 불살라 남는 것이라곤 검은 재뿐이라니
까!"

아궁이에 머리를 들이민 장작이 말했어요.

"휴, 너희들은 그래도 주인이 귀하게 대해 주잖니. 주인은 내가 필
요하면 아무렇게나 휘휘 젓다가 필요가 없으면 그냥 내팽개치는걸."

부뚜막에서 뒹굴던 국자가 한숨을 쉬면서 말했어요.

그때 부뚜막 위에 들어앉은 소금이 흐느끼며 말했어요.

"흑흑, 난 몇 달째 주인 얼굴도 보지 못했어. 주인이 필요로 할 때가
있는 너희들이 부럽다!"

소금이 줄줄 눈물을 흘리자 모두 더 이상 입을 열지
못했어요.

**써 보자!** 생활 속 속담

수학 문제가
너무 쉬워요!

_____ 고 했어.
일단 풀어 보렴!

# 천주교를 몰아내고
# 나라의 문을 꽁꽁 잠가라!

하룻강아지 범 무서운 줄 모른다 / 웃는 얼굴에 침 못 뱉는다

"나 이베드로는 조선 천주교의 반석이 될 거야!"

이승훈은 청나라에서 세례를 받고 돌아와서 천주교를 백성들에게 전파하기 시작했어요.

이 사실을 전해 들은 조선의 조정은 발칵 뒤집혔어요.

"우상을 숭배하지 말라고? 그건 조상들 제사도 지내지 말라는 건데, 그럼 나라 꼴이 정말 엉망이 되겠구나!"

그래서 천주교 신자를 찾아 처벌했지만 그 숫자는 점점 늘어났어요.

"겁 없이 유교의 근본을 흔드는 천

주교 신자들을 뿌리째 뽑아야 한다."

결국 이승훈 등 천주교 신자 백여 명이 죽음을 당했어요.

권력 다툼의 한 방편이기도 했던 이 일로 개혁적이고 능력 있는 인재들이 많이 사라지자 안동 김씨가 조정을 장악하였어요.

안동 김씨들은 어린 순조 뒤에서 권세를 이용하여 나랏일을 쥐락펴락했으며, 백성의 재산을 수탈했어요.

그러던 어느 날 평안도 출신의 홍경래라는 사람이 나라를 비판하는 문서를 만들어서 돌렸어요.

"나는 몰락한 양반 출신이라는 것 때문에, 평안도 출산이라는 것 때문에 과거에 붙을 수 없었소. 신분과 지역을 차별하는 이 나라를 바꾸어야 합니다."

"옳소, 옳소! 백성의 힘으로 잘못된 세상을 뒤집어 봅시다!"

수많은 백성들이 뜻을 모아서 들고 일어났어요.

그리고 조선의 조정을 상대로 맹렬하게 싸웠어요.

하지만 10년에 걸친 철저한 준비에도 불구하고 관군의 무력 앞에 무릎을 꿇을 수밖에 없었어요.

이후에도 백성들의 반란이 줄줄이 이어졌어요.

그럼에도 안동 김씨의 세도 정치가 계속될 때였어요.

한낮에도 술주정을 일삼던 이하응이라는 사람이 궁궐

조선의 조정은 천주교 신자들을 겁 없다며 (하룻강아지 범 무서운 줄 모른다)
엄신여기고 무참하게 죽이는 사건을 벌였어!

뒷방에서 쓸쓸하게 지내는 조대비를 찾아갔어요.

"마마, 지금은 안동 김씨의 세상입니다. 소인도 일부러 모자란 척하면서 안동 김씨의 눈에 띄지 않으려고 애쓰며 다녔습니다. 하지만 임금이 승하하시면 우리 왕족 중에서 주상을 올려야 합니다."

기운을 얻은 조대비는 철종이 죽자 이하응의 둘째 아들을 왕위에 앉혔어요.

왕의 아버지가 된 이하응은 '흥선 대원군'이라 불리면서 왕의 뒤에서 정치를 조정하기 시작해요.

"전하는 먼저 안동 김씨를 몰아내셔야 합니다. 그리고 나쁜 관리를 처벌하고 백성들의 세금을 줄여 주어야 합니다. 또, 나라의 문을 닫아서 외국이 조선을 넘보지 못하게 해야 합니다."

이하응은 일부러 모자란 것처럼 행동하면서
안동 김씨의 눈을 피해 다녔에(웃는 얼굴에 침 못 뱉는다)

고종은 처음에는 아버지의 숙제를 하나하나 해결해 나갔으나 성인이 되자 자기의 뜻을 드러내기 시작했어요.

"아버님, 중신들의 의견에 귀를 기울이셔야 합니다. 청나라처럼 나라의 문을 서서히 열어야 나라가 발전할 수 있습니다."

"전하, 안 될 말입니다. 나라의 문을 여는 순간 외국 여러 나라가 기다렸다는 듯이 밀고 들어와서 혼란에 빠질 것입니다."

고종과 흥선 대원군의 갈등은 좀처럼 가라앉지 않았어요.

신하들도 흥선 대원군을 따르는 쇄국파와 고종과 명성 황후를 따르는 개방파로 나뉘었지요.

더구나 일본처럼 서구의 근대 문물을 빨리 받아들여야 한다는 급진개화파도 등장하여 싸움이 그칠 날이 없었어요.

## 이승훈과 흥선 대원군, 천주교를 전파하고 쇄국 정치를 펼치다!

이승훈(1756~1801년)은 조선 최초의 천주교 영세자로, 세례명은 베드로예요. 이승훈은 백성들에게 미사와 영세를 행하면서 전도를 하였어요. 나라의 탄압으로 두 번이나 천주교를 버리고 다시 돌아오는 등의 고초를 겪다가 끝내 순교해요.

흥선 대원군(1820~1898년)은 조선 말기 정치가로 이름은 이하응이에요. 아들 고종이 왕에 오르자 최고 권력자가 되어 대신 정치를 해요. 서양 세력이 동양을 점령하는 세계적 흐름을 막고 세도 정치로 힘들어진 나라를 일으키기도 했지만 지나친 쇄국 정치로 발전을 더디게 했어요. 결국 고종과 명성 황후에게 밀려나지요.

# 하룻강아지
# 범 무서운 줄 모른다

어린 강아지가 무서운 범에게 겁 없이 덤빈다는 뜻으로,
**철없이 함부로 덤비는 경우를** 이르는 말이야.

어느 집 마당에서 사는 개가 강아지를 한 마리 낳았어요.

강아지는 사랑을 독차지하며 자라서 욕심이 많고 겁이 없었어요.

"왈왈, 이 음식 다 내 거니까 넘보지 마!"

"꼬꼬댁, 깜짝이야! 콩알만 한 게 무서운 것을 모른다니까!"

마당에서 먹이를 쪼다가 강아지에게 내쫓긴 닭이 말했어요.

어느 날 밤 산속에서 호랑이가 어슬렁어슬렁 내려왔어요.

"아이, 배고파! 뭐 신선한 먹이가 없을까?"

호랑이가 나타나자 마당의 동물들은 후다닥 도망을 갔어요.

어린 강아지만 호랑이를 노려보면서 으르렁거렸지요.

"왈왈, 이 음식 다 내 거니까 넘보지 마!"

"어라, 네가 산속의 제왕인 내게 겁도 없이 덤비는구나!"

그후로 아무도 강아지를 볼 수 없었어요.

**써 보자!** 생활 속 속담

# 웃는 얼굴에 침 못 뱉는다

웃는 사람에게는 침을 뱉지 못한다는 뜻으로,
**아무리 화가 날 만한 일이라도 웃으면 크게 화내지 못한다**는 말이야.

'세상에서 가장 아름다운 것 선발 대회'가 열렸어요.

장미꽃, 다이아몬드, 별이 차례로 나왔어요.

"안녕하세요? 저는 세상에서 가장 아름다운 빛깔을 가진 장미꽃이라고 해요. 사람들은 모두 내 모습을 보고 아름다운 미소를 짓지요."

"나는 영원히 빛을 잃지 않고, 깨지지 않는 다이아몬드라고 해요. 세상 모든 사람들은 내가 갖고 싶어서 안달을 하지요."

"저는 어두운 밤하늘에 떠서 세상을 반짝반짝 밝혀 주는 별이라고 해요. 사람들을 밤마다 저를 보면서 아름다운 꿈을 얘기하지요."

심사 위원이 모두 고민스러운 표정을 지을 때 아이 하나가 나왔어요.

"저는 웃음만큼 아름다운 건 없다고 생각해요. 제가 함박웃음을 웃으면 여러분도 다 웃게 될 거예요." ✿

그러자 심사 위원 모두에게  환한 웃음이 번졌어요.

**써 보자!** 생활 속 속담

명성 황후와 전봉준, 개방과 동학 혁명

# 우리 땅에서 외국군이 날뛰지 못하게 농민들이 나서자!

### 옆구리 찔러 절 받기 / 고래 싸움에 새우 등 터진다

　어느 날 일본의 운요호라는 군함이 조선의 개항을 요구하며 법을 어기고 강화도에 접근해 왔어요.

　조선은 함포를 쏘아 대항했는데 일본은 이에 대한 책임을 조선에 물어 자신들에게 유리한 조약을 강제로 맺게 했어요.

　하지만 항구를 연 후 조선의 경제는 점점 나빠졌고, 그래서 구식 군대에게는 좋은 쌀도 주지 못하는 지경에 이르렀어요.

　"뭐야, 이 푸석거리는 쌀을 먹으라는 거야? 이게 다 고종과 명성 황후가 외국에 꼼짝 못해서 생긴 일이라고."

　구식 군대가 궁궐로 들어와서 흥선 대원군을 불러들이자 명성 황후는 청나라에 도움을 요청하여 흥선 대원군을 청나라로 끌어냈어요.

　그런데 고종과 명성 황후의 정치가 마음에 들지 않기는 급진

갑신정변은 급진 개화파들이 고종과 명성 황후를 강요해서
억지로 새로운 제도를 받아들인 사건이었어! (옆구리 찔러 절 받기)

개화파도 마찬가지였어요.

"명성 황후는 아무짝에도 쓸모없는 청나라를 끌어들이고 있어! 청의 간섭에서 벗어나 독자적이 근대화를 이루어야 해!"

김옥균, 홍영식, 박영효 등이 신식 무기로 고종과 명성 황후를 위협하여 청나라와의 관계를 끊고 양반 제도를 없앤다는 약속을 받아 냈어요.

"뭐야, 백성들은 먹고 살기 힘든 판에 반란이라니……."

'갑신정변'이라 일컬어지는 이 일은 백성들의 외면을 받았고 결국 3일 만에 청나라 군대에 진압되고 말았어요.

이렇게 조정이 혼란스러운 틈을 타, 지방 관리들은 백성들을 더욱 괴롭혔어요.

그래서 농민들의 반란이 일어났어요.

그런데 조선의 조정은 농민들을 폭도라고 하면서 청나라군을

끌어들이려고 했어요.

그러자 일본군도 덩달아 조선에 들어왔어요.

"아, 제 백성을 죽이려고 청나라 군대와 일본군을 끌어들인다는 게 말이 되는가! 우리의 진정한 뜻을 조정에 전달해야겠다!"

농민들을 이끌었던 전봉준은 농민의 지지를 얻어서 12개의 개혁 요구 조건을 만들어 조정에 제시했어요.

"우리의 조건을 들어준다면 우리는 해산하겠소."

조정의 약속을 받고 대부분의 농민들은 해산했으며, 전봉준은 집강소를 설치하여 개혁을 추진하고자 했어요.

그런데 일본은 군대를 철수하지 않고 오히려 우리 땅에서 청나라와 전쟁을 벌였어요.

"저기 우리 땅을 차지하기 위해 청나라와 싸우는 일본을 지켜만 보는 한심한 조정을 보십시오. 우리

청나라와 일본이 서로 조선을 차지하기 위해 싸움을 벌이는데도
조선의 조정은 힘없이 그것을 지켜보았네!(고래 싸움에 새우 등 터진다)

농민의 힘으로라도 이 나라를
지킵시다!"

농민들은 일본군을 몰아내기 위해 또 한 번 일어났어요.

농사를 하던 낫을 놓고 죽창 하나만 들고 일본군의 신식 무기
에 대항했지요.

처음에는 농민들이 맹렬하게 싸워 간담을 서늘하게 했지만, 시
간이 지날수록 신식 무기로 무장한 일본군에 밀리고 말았어요.

"비록 우리가 지금은 해산하지만 결코 우리의 뜻은 죽지 않을
것이다!"

전봉준이 체포되며 농민들의 봉기는 끝이 났지만 외세에 대항
하는 농민의 나라 사랑의 마음은 식지 않았어요.

## 명성 황후와 농민들, 나라의 문을 열고 맞서다!

명성 황후(1851~1895년)는 조선 말기 고종의 아내로, 흥선 대원군과 대립의 입장에
서 정치를 하였어요. 개방 정책으로 일본과 외교 관계를 맺고, 임오군란과 갑신정변 때
에는 청나라를 불러들여서 정권을 잡았어요. 그러다가 일본의 세력이 커지자 러시아와
친교하다가 일본의 지시를 받은 사람에게 살해당했어요.

전봉준(1855~1895년)은 조선 말기 '동학 농민 운동'의 지도자로, '녹두 장군'이라고
불리어요. 부패한 관리를 처단하고 정치의 개혁을 요구하였으며, 전라도 지방에 '집강
소'를 설치하여 농민들의 의견을 받아들였어요. 동학을 전파하는 데 힘썼으며 일본의
침략에 맞서 싸우다가 체포되어 교수형을 당했어요.

# 옆구리 찔러 절 받기

옆구리를 자극하여 정신이 나게 하여 절을 억지로 하게 한다는 뜻으로,
**할 일을 눈치채지 못하는 사람에게 살짝 알려 주어 억지로 대접을 받는다**는 말이야.

어느 마을에 순심이라는 해맑은 처녀가 살았어요.

어느 날 순심이의 늙은 아버지가 한숨을 쉬면서 말했어요.

"여보, 내일모레가 순심이 혼삿날인데 저렇게 철이 없어서 시아버지께 절이나 제대로 할지 모르겠구려!"

그래서 순심이 부모님은 한 가지 꾀를 내었어요.

순심이 옆구리에 실을 매어서 시아버지께 절을 할 때가 되면 당겨서 알려 주자는 것이었지요.

드디어 결혼식 날, 시아버지께 절을 하는 때가 되자 친정아버지는 얼른 순심이 옆구리에 맨 실을 당겼어요.

그런데 사레가 들려서 그만 콜록콜록 재채기를 했어요.

순심이는 그것도 모르고 친정아버지의 재채기가 끝날 때까지 절을 하고 또 하였어요.

**써 보자!** 생활 속 속담

_____ 라더니
꼭 이래야 인사를 하니…….

# 고래 싸움에 새우 등 터진다

거대한 고래끼리 싸우는 틈에 작은 새우가 껴서 등이 터진다는 뜻으로,
**강한 자들끼리 싸우는 통에 약한 자가 중간에 끼여 피해를 입는다**는 말이야.

어느 바닷가의 튼튼 고래 형제가 배가 고파졌어요.

튼튼 고래 형제는 엄마의 걱정을 뒤로 하고 먼바다까지 갔어요.

그곳에서는 힘센 고래 형제가 먹이를 나누어 먹고 있었어요.

그러다가 튼튼 고래 형제를 보자 깜짝 놀라서 눈을 번뜩였어요.

두 고래 형제들은 빙빙 돌면서 싸울 기세였지요.

그러자 그 속에서 작은 먹이를 먹던 새우가 깜짝 놀랐어요.

'어떡하지? 왼쪽으로 가면 튼튼 고래, 오른쪽으로 가면 힘센 고래이
니 어디로든 빠져나갈 수가 없네.'

새우는 무서워서 등을 잔뜩 움츠리고 벌벌 떨었어요.

마침내 두 고래 형제들은 머리를 꽝꽝 부딪치며 싸우기 시작했어요.

새우는 이리 콩 저리 콩 부딪치다가 등이 팍 터지고 말았어요.

새우 등이 터진 줄도 모르고 고래들의 싸움은 그칠 줄
몰랐어요. ✿

써 보자! 생활 속 속담

_____ 고 하더니…….
아빠, 엄마! 제발 화해하세요.

고종과 이준, 국권 상실의 아픔

# 나라를 지킬 힘이 없으니 독립 의지도 소용없구나!

### 같은 값이면 다홍치마 / 입이 열 개라도 할 말이 없다

우리 땅에서 벌인 청나라와 일본의 전쟁은 결국 일본의 승리로 끝났어요.

일본이 그 대가로 요동을 차지하자 이번에는 러시아, 독일, 프랑스 등의 나라가 반발했어요.

"일본이 이 땅에서 날뛰지 못하게 하려면 러시아의 힘이 필요해! 그러면 조정의 일본 앞잡이들을 몰아낼 수 있을 거야!"

명성 황후가 러시아를 끌어들이자 일본은 칼잡이를 보내 명성 황후를 무참하게 살해했어요.

이 일로 신변에 위협을 느낀 고종은 러시아 공사관으로 몸을 피했어요.

'한 나라의 왕이 다른 나라의 집에 숨게 되다니 부끄럽구나! 나라의 힘을 키워서 반드시 궁으로 돌아가리라!'

고종은 러시아 공사관에 피해 있으면서 다짐을 새롭게 하고
나라 이름도 바꾸어서(같은 값이면 다홍치마) 다시 일어서려고 했어!

고종을 굳게 다짐했지만 일 년 동안 다시 궁궐로 돌아오지 못했어요.

그러자 독립 협회 등에서 고종이 돌아올 것을 요구했어요.

"그래, 궁으로 돌아가서 나라를 새로 세우고 다른 나라에 우리가 자주 독립 국가임을 알려야 해!"

고종은 돌아와서 나라 이름을 '대한 제국'으로 바꾸고, 연호도 '광무'로 새로 정했어요.

하지만 그러한 노력에도 불구하고 일본은 우리나라를 자기 마음대로 다스리기 위해 러시아의 여순항을 공격했어요.

그러곤 고종에게 '한일 의정서'의 체결을 강요했어요.

이는 러일 전쟁에 대한 제국을 우군으로 끌어들여 승기를 잡음과

동시에, 한반도 지배의 발판을 마련하기 위한 것이었지요.

고종은 처음에 양국 사이에서 중립을 유지하고자 했으나 일본의 압력에 못 이겨서 의정서를 체결하고 말았어요.

러일 전쟁에서 승리한 일본은 한반도 지배권을 미국에게 인정받았어요.

마침내 일본은 '일본이 조선을 보호한다.'는 내용의 '을사조약'을 강제로 체결하여 대한 제국의 외교권을 빼앗아 갔어요.

'억울하다! 일본의 강요에 의해 조약이 맺어진 것을 세계에 알려야 한다!'

고종은 이 사실을 담은 비밀 문서를 이준, 이상설 등에게 주어 '만국 평화 회의'가 열리는 헤이그로 파견해요.

이준은 일본의 방해로 회의에 참석하지도 못한 채 쫓겨나자 분해서 자결하고 말았어요.

그 일로 고종은 강제로 물러나고 1910년에는 국가의 모든 권리를 일본에 넘겨주게 되어요.

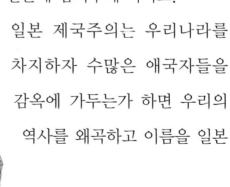

일본 제국주의는 우리나라를 차지하자 수많은 애국자들을 감옥에 가두는가 하면 우리의 역사를 왜곡하고 이름을 일본

식으로 바꾸도록 강요해요.

그리고 땅을 강제로 빼앗아서 일본인에게 나누어 주어요.

'내 땅을 강제로 빼앗기고 소같이 일해야 하다니……'

게다가 일본 사람들이 소작료를 아주 조금만 주었기 때문에 우리 백성들의 살림살이는 나날이 어려워졌지요.

결국 수많은 백성들이 수탈을 피해서 다른 나라로 슬픈 발길을 돌려야만 했어요.

고종은 일본의 압력에 의해 강제로 조약이 체결된 것을 안타까워하면서
(입이 열 개라도 할 말이 없다) 이 사실을 다른 나라에 알려야 한다고 생각했어!

## 고종과 이준, 나라를 빼앗기고 가엽게 울부짖다!

고종(1852~1919년)은 조선 제26대 왕이자 대한 제국 제1대 황제예요. 안으로는 명성 황후와 흥선 대원군의 세력 다툼에 시달리고, 밖으로는 일본을 비롯한 여러 나라의 개방 압력에 시달렸어요. 고종이 왕위에 있던 시절에 강화도 조약, 조미 수호 통상 조약, 조불 수호 통상 조약 등이 이루어졌어요.

이준(1859~1907년)은 조선 말기의 순국 열사예요. 1907년에 고종의 비밀 문서를 가지고 이상설, 이위종 등과 함께 만국 평화 회의가 열리는 네덜란드의 헤이그로 가서 의장에게 친서와 위임장을 전하는 임무를 맡아요. 그러나 일제의 방해로 회의에 참석하지 못하자 조국의 억울한 사정을 온 세계에 알리기 위하여 자결했어요.

# 같은 값이면 다홍치마

가격이 같은데 색깔이 다른 치마를 골라야 한다면 보기 좋은 다홍색 치마를 고른다는 뜻으로, **같은 값이면 예쁘고 좋은 것을 갖는다**는 말이야.

옛날 어느 마을에 5일장이 열렸어요.

5일 만에 열리는 이 시장에는 없는 것 빼곤 다 있었지요.

"우리 딸에게 줄 예쁜 치마를 사야 하는데……."

어느 장님이 옷감 파는 가게를 찾아 헤매고 있었어요.

"눈부시게 반짝이는 비단옷 보러 오세요!"

"알록달록 색동옷을 선물하세요!"

상인들은 저마다 손님을 끌기 위해 소리쳤지요.

'이것도 좋은 것 같고 저것도 좋은 것 같으니 어쩌지?'

장님이 망설이고 있는데 딸 또래의 꼬마 목소리가 들렸어요.

"값이 같다면 빛이 고운 빨간 치마가 좋아요."

장님은 상인이 건네준 빨간 치마를 아이에게 대 보았어요.

그러자 사람들이 예쁘다며 우르르 몰려들었어요.

써 보자! 생활 속 속담

# 입이 열 개라도 할 말이 없다

입이 많이 달려서 여러 말을 할 수 있는 상황이라도
**변명할 수 없을 정도로 잘못이 명백하다**는 말이야.

어느 날 눈, 코, 귀, 입이 모였어요.

"얘들아, 우리는 사람의 몸에서 똑같이 일을 하는데 왜 누구는 한 개이고 누구는 두 개일까?"

입이 삐죽거리며 말하자 눈이 으쓱대며 대답했어요.

"내가 두 개라서 이쪽저쪽을 다 보니까 넘어지지 않는 거라고."

그러자 코가 킁킁대며 말했어요.

"나는 한쪽이 막히면 다른 쪽으로 냄새 맡으라고 구멍이 두 개야."

귀도 실룩거리며 나섰어요.

"나는 다른 사람 말을 잘 들으라고 두 개지."

"쳇, 말도 안 돼!"

입이 여전히 투덜대자 귀가 말했어요.

"입, 너는 필요 없는 말을 하지 말라고 한 개인 것 같구나!"

**써 보자!** 생활 속 속담

쯧쯧, 늦게까지 게임하더니 지각이구나!

_____ 더니 제가 그렇네요.

# 대한 독립 만세!
# 우리 힘으로 나라를 되살리자!

목마른 놈이 우물 판다 / 재주는 곰이 넘고 돈은 주인이 받는다

일본의 수탈이 더해가던 어느 날이었어요.

"한 민족의 운명은 그 민족 스스로가 결정해야 합니다."

미국의 월슨이 식민지 문제를 해결하는 데 있어 민족 자결의
원칙이 필요하다는 주장을 하였어요.

그러자 뜻 있는 일본 유학생들이 동경에서 '2·8 독립선언서'를
발표했어요.

"이에 영향을 받아 1919년 3월 1일에는 민족 대표들이 서울
태화관에 모여 '3·1 독립선언서'를 발표했으며, 같은 시각 시민

들과 학생들은 탑골 공원에서 만세 시위를 벌였어요.

'3·1 운동'의 영향은 전국 방방곡곡으로 퍼졌어요.

이때 충청도 아우내 장터에는 태극기를 나누어 주던 유관순이라는 소녀가 있었어요.

"우리는 스스로 일어나야 합니다. 3·1 운동의 정신으로 우리 모두 대한 독립 만세를 외칩시다!"

유관순은 맨 앞에서 누구보다 크고 강렬하게 외쳤어요.

"대한 독립 만세! 대한 독립 만세! 대한 독립 만세!"

독립을 향한 뜨거운 마음이 무섭게 번지자 가장 불안한 것은 일본이었어요.

'괘씸한 조선 놈들! 다 쓸어버려야겠다!'

일본은 평화적이고 비폭력적으로 시위를 하던 사람들을 무자

일제 강점기에 우리 민족은 수탈당하여 숨죽이고 있다가 세계 정세의 변화로 용기를 얻어 스스로 일어서려는 만세 운동을 벌였어! (목마른 놈이 우물 판다)

비하게 진압했어요.

일본의 총칼 앞에 죄 없는 사람들이 무참하게 죽어 갔어요.

독립을 꿈꾸며 평화적으로 태극기를 나누어 주던 작은 소녀 유관순도 감옥에서 숨을 거두었어요.

'음, 이제 무력만으로 이 나라를 누르면 안 되겠어.'

일본은 겉으로는 우리나라의 문화생활과 교육 등을 제한적으로 허용하는 것처럼 보이게 정책을 바꾸었어요.

3·1 운동은 민족의 지도자들에게도 변화를 가져왔어요.

"백성들이 의지할 정부가 있어야 합니다. 그래야 독립운동도 조직적으로 할 수 있습니다!"

그 결과 이승만, 김구 등을 중심으로 중국 상해에 '대한민국 임시 정부'가 세워져 독립을 위한 여러 가지 일들을 벌였어요.

또한 독립군들은 국경 지역에서 일본군과 맞서 싸웠어요.

일본은 중일 전쟁에서 승리하기 위해 한반도의 자원을 닥치는 대로 빼앗아갔어!(재주는 곰이 넘고 돈은 주인이 받는다)

홍범도 장군의 '봉오동 전투'와 김좌진 장군의 '청산리 대첩'에서는 큰 승리를 거두기도 했어요.

그 무렵 일본은 중국과 전쟁을 일으켰어요.

'한반도는 중국과 일본 사이에 있다. 그러니까 중국과 전쟁을 하려면 한반도를 군사 기지로 만들어야 한다!'

일본은 전쟁에 필요한 금과 석탄, 철 등을 캐기 위해 우리 광산을 마구 파헤쳤으며, 가정집에서는 숟가락, 밥그릇까지 빼앗아 무기를 만드는 데 썼어요.

'나쁜 놈들! 우리 땅에서 온갖 것을 빼앗아서 저희들 배만 불리다니⋯⋯.'

우리 민족의 삶은 더욱 피폐해 졌어요.

**역사 안으로 풍덩**

## 유관순과 김좌진, 독립운동의 불씨가 되다!

유관순(1902~1920년)은 일제 강점기의 독립운동가로, 천안에서 태어나서 이화 학당에 다닐 때 3·1 운동에 참가하고 고향으로 내려왔어요. 아우내 장터에서 시민들에게 태극기를 나눠 주고 맨 앞에서 만세 시위를 주도하다가 체포되어 감옥에서 숨을 거두었어요.

김좌진(1889~1930년)은 일제 강점기의 독립운동가이자 독립군을 이끈 장군으로, 청산리 대첩에서 큰 승리를 거두었어요. 김좌진이 이끄는 2천5백 명의 독립군은 1920년 10월 청산리 80리 계곡에서 5만 명의 일본군을 맞아 10차례의 전투 끝에 일본군 3천3백 명을 섬멸하였어요.

# 목마른 놈이 우물 판다

목이 말라서 물이 먹고 싶은 사람이 살기 위해서 우물을 판다는 뜻으로,
**제일 급하고 필요한 사람이 그 일을 서둘러 하게 되어 있다**는 말이야.

어느 산골 마을에 자식이 없는 할아버지와 할머니가 살았어요.
어느 날 할아버지가 산속에서 그물에 걸린 파랑새를 구해 주었어요.
"저런, 가엾기도 하지! 누가 이런 산속까지 그물을 쳐 놓았을까?"
며칠 후 파랑새가 할아버지에게 샘물이 있는 곳을 알려 주었어요.
할아버지가 샘물을 한 모금 마시자 이상한 일이 벌어졌어요.
"아니, 이럴 수가! 내 얼굴의 주름살이 쫙 펴졌네!"
할아버지가 알려 주어 할머니도 샘물을 마시고 젊어졌어요.
"나도 당장 젊어지는 샘물을 마시러 가야겠다!"
이 소문을 들은 욕심쟁이 영감이 몰래 샘물 있는 곳을 알아냈어요.
그런데 샘물을 너무 많이 마신 나머지 아기가 되고 말았어요.
"이런 곳에 아기가 있다니! 우리가 데려다 키웁시다!"
젊은 부부가 된 할아버지와 할머니는 아기를 얻었어요.

**써 보자!** 생활 속 속담

# 재주는 곰이 넘고
# 돈은 주인이 받는다

곰이 재주를 부린 값을 주인이 받는다는 뜻으로, **수고하여 일한 사람은
따로 있고, 그 일에 대한 보수는 다른 사람이 받는다는** 말이야.

어느 날 서커스 단장이 동물들을 한 줄로 세워 놓고 말했어요.

"얘들아, 실수하지 말고 연습한 대로 해야 돈을 많이 벌 수 있어! 실
수하면 저녁은 없다!"

'실수하면 어떡하지? 지난번에도 재주를 넘다가 넘어져서 저녁을
못 먹었는데……'

소심쟁이 곰의 걱정은 이만저만이 아니었어요.

드디어 곰의 차례가 되었어요.

곰은 뒹굴뒹굴 실수하지 않고 무사히 재주를 넘었어요.

사람들의 박수 소리가 쏟아지고 동전이 마구 날아오자 단장은 커다
란 모자에 동전을 담느라고 바빴어요.

"힘들게 재주는 내가 넘었는데 돈은 단장님이 받다니……"

곰은 흐르는 땀을 닦으며 넋두리를 했어요.

**써 보자!** 생활 속 속담

# 이제 겨우 해방되었는데 다시 분단이라니…

까마귀 날자 배 떨어진다 / 오르지 못할 나무는 쳐다보지도 마라

중일 전쟁이 길어지자 일본은 다른 데로 눈을 돌려 미국의 진주만를 공격해 태평양 전쟁을 일으켰어요.

우리 국민들은 일본의 전쟁터에 군인으로 끌려가는가 하면 전쟁에 필요한 것을 건설하는 일꾼으로 동원되었어요.

꽃다운 소녀들도 정신대에 강제로 끌려갔지요.

일본은 초반에 태평양 주변 나라에서 승리하는가 싶더니 결국 미국, 소련, 영국, 중국 등의 연합군에 점차 밀렸어요.

'이때 어서 일본을 우리 땅에서 몰아내야 해!'

상해 임시 정부에 소속된 광복군은 연합군을 도와 일본군과 싸운 후 국내로 들어올 계획이었어요.

그런데 1945년 8월 15일 일본이 연합군에 항복을 하는 바람에 실행에 옮기지 못했어요.

우리나라는 그토록 꿈꾸던 해방의 날을 맞이하게 되었지요.

"우아, 해방이다! 대한 독립 만세!

모두들 너무 기뻐서 거리로 쏟아져 나왔고, 거리는 온통 만세 물결로 뒤덮였어요.

김구를 비롯한 임시 정부의 인사들도 고국으로 돌아왔어요.

"아, 얼마 만에 밟아 보는 조국의 땅인가? 이제 하나 된 조국에서 국민들과 어울려서 평화롭게 살 수 있겠구나!"

김구의 눈에서는 감격의 눈물이 하염없이 흘렀어요.

상해 임시 정부는 스스로의 힘으로 일본군으로부터 독립하려 했으나
외부적 요인에 의해 해방이 저절로 이루어졌어!(까마귀 날자 배 떨어진다)

그러나 해방의 기쁨도 잠시, 한반도의 북쪽은 소련(러시아)이, 남쪽은 미국이 신탁 통치를 하게 되었어요.

"아니 해방된 지 얼마나 되었다고 또 다른 나라에게 맡겨진단 말입니까? 안 될 말입니다."

김구는 신탁 통치를 반대하는 운동을 벌이고 선거를 통해 통일된 나라를 만들어야 한다고 생각했어요.

하지만 이승만은 달랐어요.

'우리가 강대국으로부터 자유로울 수 없다면 반쪽짜리라도 정부를 수립해야 한다!'

결국 38도선 남쪽에서만 총선거가 실시되어, 제헌 국회가 탄생하였고, 이승만을 초대 대통령으로 선출하였어요.

마침내 1948년 8월 15일에 대한민국 정부가 수립되었어요.

한편 38도선 북쪽에서는 북조선 임시 인민 위원회가 세워져

사회주의 체제의 바탕을 마련하였어요.

그리고 1948년 9월 9일 김일성을 수상으로 하는 조선 민주주의 인민 공화국이 수립되었어요.

그러다가 1950년 6월 25일, 북한이 소련의 지원을 받아 남한을 선전 포고도 없이 공격했어요.

이에 남한은 유엔군의 지원을 받았어요.

전세가 불리해지자 북한은 중국을 끌어들였어요.

이렇게 치열한 공방전을 벌이다가 마침내 1953년에 남한과 북한은 휴전 협정을 맺었어요.

이승만은 강대국의 힘 때문에 통일된 나라를 이룰 수 없다면 남한에서라도 나라를 이루어야 한다고 생각했어!(오르지 못할 나무는 쳐다보지도 마라)

## 역사 안으로 풍덩 김구와 이승만, 서로 다른 대한민국을 꿈꾸다!

김구(1876~1949년)는 우리나라의 정치가이자 독립운동가로, 중국 상해에서 대한민국 임시 정부 조직에 참여하였어요. 1944년 대한민국 임시 정부 주석에 뽑힌 바 있으며, 신민회, 한인 애국단 등에서 활발하게 활동하였어요. 광복 후 귀국하여 신탁 통치 반대 운동을 주도하고, 남한만의 단독 총선거를 반대하다가 살해되었어요.

이승만(1875~1965년)은 우리나라의 정치가이자 독립운동가로, 상해 임시 정부의 대통령을 지냈어요. 광복 후 우익 민주 진영 지도자로 1948년 대한민국 초대 대통령에 당선된 후 네 번 재임하다가 4 · 19 혁명으로 물러났어요.

# 까마귀 날자 배 떨어진다

까마귀가 나는 것과 배가 떨어진 시각이 같은 것을 보고, **아무 관계없는 일이 공교롭게도 때가 같아 어떤 관계가 있는 것처럼 의심을 받게 된다**는 말이야.

어느 관아에 농부가 선비 하나를 붙들어 와서 말했어요.

"원님, 여기 이 선비님이 제가 열심히 가꾼 오이를 훔치고도 안 했다고 하지 뭡니까요?"

선비는 손사래를 치면서 말했어요.

"아닙니다. 저는 오이에 손도 안 댔는데, 이 사람이 왜 저를 도둑으로 모는지 모르겠습니다."

원님은 선비에게 좀 더 자세히 말하라고 명령하였어요.

"저는 길을 가다가 오이밭 옆에서 신발에 돌이 들어간 것 같아서 신발을 고쳐 신고 갓을 고쳐 매었을 뿐입니다."

원님은 그제야 고개를 끄떡였어요.

"선비가 아무 생각 없이 허리를 굽혀서 신발을 고쳐 신은 것이 농부에게 오해를 불러일으킨 것이오. 앞으로는 오해 받을 행동을 삼가시오!"

**써 보자!** 생활 속 속담

# 오르지 못할 나무는 쳐다보지도 마라

나무에 오르지 못하는 동물이 올라가고 싶어서 쳐다보는 것을 보고,
**자기의 능력 밖의 일에 대해서는 처음부터 욕심을 내지 않는 것이 좋다**는 말이야.

어느 마당에 욕심쟁이 닭과 어리석은 개가 함께 지냈어요.

"꼬꼬꼬, 우리 주인은 모이를 너무 적게 준단 말이야."

닭은 날마다 개밥을 쫑쫑 빼앗아 먹었어요.

"왈왈, 너는 네 모이 놔 두고 왜 자꾸 내 밥을 먹니?"

"내 게 내 거고 네 게 내 거니까 그렇지!"

"그런 게 어딨어! 모자라면 주인에게 말해!"

"싫어, 여기 좋은 먹이가 있는데 내가 왜 그래야 되니?"

"너 정말 더 그러면 물어 줄 거다!"

닭은 개의 협박에도 쫑쫑 개밥을 찌어 먹었어요.

개는 더 이상 못 참겠다는 듯 으르렁거렸어요.

닭은 낌새를 눈치 채고 재빨리 뛰어 나무에 폴싹 올랐어요.

"왈왈왈, 어서 내려오지 못해!"

"꼬꼬꼬, 나무에도 못 오르는 어리석은 녀석아!"

개는 나무에 오르려고 할수록 주르륵 미끄러졌어요.

## 써 보자! 생활 속 속담

제가 세계적 축구 선수가 될 수 있을까요?

그럼, '＿＿＿＿＿＿＿＿'
라는 속담은 옛말일 뿐이라고!

# 역사 안에 속담 있다!

2015년 9월 10일 1판 3쇄 발행

글_ 강영주

그림_ 한희란

디자인_ 장현순

펴낸이_ 강영주

펴낸곳_ 지에밥

주소_ 경기도 성남시 분당구 분당로 263번길 68 104-205

전화_ (031)602-0190

팩스_ (031)602-0190

등록_ 제2012-000051호(2011. 10. 20.)

E-mail_ slchan01@naver.com

ⓒ 강영주 2013

ISBN_ 978-89-968365-8-2 64710

ISBN_ 978-89-968365-7-5(세트)

지성이면 감천이다

공든 탑이 무너지랴

엎친 데 덮치다

고기는 씹어야 맛이고 말은 해야 맛이다

호랑이에게 물려 가도 정신만 차리면 산다

산에 가야 범을 잡는다

천 리 길도 한 걸음부터

사람은 죽으면 이름을 남기고 범은 죽으면 가죽을 남긴다

팔은 안으로 굽는다

남아일언중천금

쥐구멍에도 볕 들 날 있다

열 번 찍어 안 넘어가는 나무 없다

긁어 보아야 세상을 안다

양지가 음지 되고 음지가 양지 된다

될성부른 나무는 떡잎부터 알아본다

발 없는 말이 천 리 간다

목구멍이 포도청

뛰는 놈 위에 나는 놈 있다

작은 고추가 맵다

말 한마디에 천 냥 빚도 갚는다

바늘방석에 앉은 것 같다

계란으로 바위치기

간이 콩알만 해지다

티끌 모아 태산

남의 잔치에 감 놓아라 배 놓아라 한다

열 길 물속은 알아도 한 길 사람 속은 모른다

빛 좋은 개살구

닭 쫓던 개 지붕 쳐다보듯

구슬이 서 말이라도 꿰어야 보배

우물을 파도 한 우물을 파라

똥 묻은 개 겨 묻은 개 나무란다

못된 송아지 엉덩이에 뿔이 난다

콩으로 메주를 쑨다고 해도 곧이 안 듣는다

백지장도 맞들면 낫다

자라 보고 놀란 가슴 솥뚜껑 보고 놀란다

돌다리도 두들겨 보고 건너라

사공이 많으면 배가 산으로 간다

부뚜막의 소금도 집어넣어야 짜다

하룻강아지 범 무서운 줄 모른다

웃는 얼굴에 침 못 뱉는다

옆구리 찔러 절 받기

고래 싸움에 새우 등 터진다

같은 값이면 다홍치마

입이 열 개라도 할 말이 없다

목마른 놈이 우물 판다

재주는 곰이 넘고 돈은 주인이 받는다

까마귀 날자 배 떨어진다

오르지 못할 나무는 쳐다보지도 마라